ÉLÉMENS

DE LA

GRAMMAIRE LATINE,

A L'USAGE DES COLLÉGES ET LYCÉES.

PAR LHOMOND,

Professeur-Émérite en la ci-devant Université de Paris.

Edition soigneusement corrigée

Par M. V.... Professeur de Langue latine.

Prix : 1 *fr.* 20 *c. cartonnée.*

PARIS.

J. MORONVAL, IMPRIMEUR-LIBRAIRE,
rue Galande, n° 65, près la rue Saint-Jacques.
1845.

PRÉFACE.

CETTE Grammaire est divisée en trois Parties. La première contient les Elémens de la Langue Latine à l'usage des commençans : on s'y est proposé d'écarter de ces commencemens tout ce qui pourrait embarrasser ou rebuter les enfans.

1° Pour ôter tout embarras, l'on n'y parle point d'abord des noms irréguliers, ni d'aucune exception ; on suppose que la marche de la Langue est parfaitement régulière ; c'est sur ce plan que l'on a rédigé la table des déclinaisons et des conjugaisons. Cependant comme il y a des exceptions qu'il faut que l'enfant connaisse, on a mis à la fin, sous le titre de *Supplément*, toutes les irrégularités qui se trouvent soit dans les noms, soit dans les verbes, etc. Il n'y a alors nul inconvénient à les lui présenter.

2° Pour faire sentir à l'enfant l'usage des premières leçons, et dissiper l'ennui qui les accompagne, l'on a mis à la fin de chaque espèce de mots la règle générale de syntaxe qui la concerne : ainsi, après qu'il a décliné des noms on lui enseigne que, pour joindre ensemble deux noms, l'on met en français le mot *de* entre les deux noms, et qu'en latin on met le second au génitif. Par ce moyen l'on peut au bout de quelques jours lui donner pour devoir, *flos horti, pedum pastoris, odor rosæ*, etc. à traduire en français, et ce sera une petite version ; ou bien, *le fruit de l'arbre, le palais du roi, la lumière du soleil*, etc. à mettre en latin, et ce sera un petit thème. L'enfant en sait assez pour faire ces deux petites opérations qui concourent également à graver la règle dans sa mémoire, et qui ne peuvent manquer de le flatter agréablement, par la pensée qu'il est déjà capable d'opérer dans une Langue qu'il ne connaissait pas encore peu de jours auparavant.

De même, après qu'il a décliné des adjectifs, on lui dit que, pour joindre un adjectif avec un nom, on donne à cet adjectif le même genre, le même nombre et le même cas que ceux du nom ; ce qui le met dans le cas de traduire en français ces petites phrases, *rosa pulchra*, *pater bonus*, *exemplum egregium*, etc. ; ou de mettre en latin celles-ci, *la bonne mère*, *le beau jardin*, *le temple magnifique*, etc. On ajoute aussi la règle générale des pronoms à l'article des pronoms, la règle générale des verbes à la fin des conjugaisons, etc. etc. Cette manière de présenter séparément les premiers procédés de la Langue, a encore cet avantage, qu'elle les grave plus nettement et plus distinctement dans l'esprit des enfans.

La seconde Partie contient la *Syntaxe*, et la troisième renferme ce que l'on appelle la *Méthode*.

Les règles qui guident dans l'étude du latin sont de deux espèces. Les premières conviennent à cette langue considérée en elle-même et sans aucun rapport à toute autre Langue ; telles sont celles que Cicéron eût données à son fils. Il ne lui aurait parlé que de la phrase latine, et nullement des locutions françaises, qui n'existaient pas alors. Cette première espèce de règle est l'objet de ce que l'on appelle *Syntaxe Latine*, qui doit contenir les règles de la Langue Latine, abstraction faite de toute autre Langue.

Mais il y a des règles d'une autre espèce à apprendre. Elles sont fondées sur la différence que l'on remarque entre le latin et une autre Langue à laquelle on le compare, le français, par exemple : telles sont les règles qui concernent notre conjonction *que*, notre pronom indéfini *on*, etc. Ces dernières règles sont la matière de ce que l'on appelle *Méthode Latine*, qui ne doit être qu'un recueil des principales différences qui se trouvent entre ces deux Langues.

Il suit de là que la Syntaxe Latine doit être la même en tout pays, au lieu que la Méthode Latine est différente en différens pays où l'on parle un idiôme particulier. La Méthode Latine, en France, doit contenir les différences que l'on remarque entre le français et le latin ; en Allemagne, la Méthode Latine indiquerait celles qui se trouvent entre le latin et l'allemand, etc.

On ne trouvera qu'un seul changement dans les
termes de Grammaire; c'est qu'au lieu du mot *substantif*, que les enfans n'entendent point, j'ai toujours
employé celui de *nom*, dont le sens est clair. Du
reste, j'ai respecté le langage reçu : ainsi j'ai dit *le
nominatif du verbe*, au lieu du *sujet du verbe*, parce
que le nominatif ayant une terminaison propre , les
enfans le connaissent, pour ainsi dire , de vue; au lieu
que le mot de *sujet* ne présente qu'une idée abstraite.
J'ai même employé l'expression du *nominatif français*,
quoique notre Langue n'ait point de cas , parce que le
rapport particulier, dont le nominatif est le signe, est
commun à toutes les Langues.

Est-il besoin d'avertir que les règles contenues dans
cet ouvrage sont établies sur l'usage le plus fréquent
des Auteurs? Je sais qu'ils s'en écartent quelquefois;
mais le dire à des enfans, ce serait les jeter dans l'in-
certitude , et mettre de la confusion dans leurs idées.
J'ai choisi les exemples les plus courts, afin de ne point
partager l'attention de l'enfant, et de fixer ses yeux et
son esprit uniquement sur le mot qui est l'objet de
la règle.

Au surplus, le meilleur livre élémentaire, c'est la
voix du maître, qui varie ses leçons et la manière de
les présenter selon les besoins de ceux à qui il parle :
rien ne peut tenir lieu de ce secours. Prétendre qu'un
livre muet puisse le remplacer, c'est une pure char-
latanerie.

Je connais les nouveaux plans de Grammaire que
l'on propose depuis quelques années, les reproches que
l'on fait à la Méthode vulgaire, et les déclamations
peu mesurées que l'on se permet contre ceux qui la
suivent. A tout cela , je n'ai qu'un mot à répondre :
La métaphysique ne convient point aux enfans.
Quels sont en effet les principes que nous offrent ces
nouveaux plans? Les voici fidèlement transcrits : *Les
Noms sont des mots qui expriment déterminément
les êtres , en les désignant par l'idée de leur nature.*
Gramm. Génér. , tome I, page 235. *Les Adjectifs
sont des mots qui expriment des êtres indéterminés*

en les déterminant par une idée précise, mais accidentelle à la nature commune déterminément énoncée par les noms appellatifs auxquels on les joint. Les Pronoms sont des mots qui présentent à l'esprit des êtres déterminés par l'idée précise d'une relation personnelle à l'acte de la parole. Les Verbes sont des mots qui expriment des êtres indéterminés, en les désignant par l'idée précise de l'existence intellectuelle avec relation à un attribut, etc., etc. Les autres nouvelles Grammaires, même celles que l'on nomme *Elémentaires*, sont sur le même ton, et les Auteurs s'appuient de l'autorité de celle-là.

De bonne foi, est-ce là le langage qu'il faut parler aux enfans? Sont-ils en état de l'entendre? Nos règles, dit-on, n'éclairent pas l'esprit ; je laisse au Public à juger si celles que l'on y substitue sont beaucoup plus lumineuses. Si nos règles n'éclairent pas les enfans, du moins elles les guident : à cet âge on est bien plus capable d'être guidé que d'être éclairé dans ces sortes de matières. On peut se proposer deux choses dans l'étude d'une Langue : 1° de connaître l'usage, ce qui se réduit à ce fait : *Voilà comme on s'exprimait chez tel peuple* ; 2° de connaître la raison de cet usage. La première connaissance, celle du fait, suffit pour entendre les Auteurs, et elle est certainement la seule qui convienne à la faible intelligence des enfans. C'est cette connaissance du fait que donnent nos Livres élémentaires : toutes les règles qu'ils contiennent se réduisent à indiquer sur chaque espèce de mots, sur chaque tour de phrase, la manière dont les Latins s'exprimaient.

ELEMENS

DE LA

GRAMMAIRE LATINE.

PREMIERE PARTIE.

Il y a en latin neuf sortes de mots, le *Nom*, l'*Adjectif*, le *Pronom*, le *Verbe*, le *Participe*, l'*Adverbe*, la *Préposition*, la *Conjonction* et l'*Interjection*.

PREMIERE ESPECE DE MOTS.—Le Nom.

Le *nom* est un mot qui sert à nommer une personne ou une chose, comme *Pierre*, *Paul*, *livre*, *chapeau*.

Il y a dans les noms deux nombres, le *singulier*, quand on parle d'une seule personne ou d'une seule chose : ainsi *un homme*, *une rose*, sont au nombre *singulier*; le *pluriel*, quand on parle de plusieurs personnes ou de plusieurs choses: ainsi *les hommes*, *les roses*, sont au nombre *pluriel*.

En latin le nom change sa dernière syllabe : ainsi *rosa* fait *rosæ*, *rosam*, *rosarum*, *rosis*, *rosas :* ces différentes manières de finir un nom s'appellent *cas*.

Il y a en latin six *cas*, savoir, le *nominatif*, le *génitif*, le *datif*, l'*accusatif*, le *vocatif* et l'*ablatif*. Quand on récite de suite les six cas d'un nom, cela s'appelle *décliner*. Il y a en latin cinq *déclinaisons* différentes, que l'on distingue par le génitif singulier et pluriel.

PREMIERE DECLINAISON.

LA première déclinaison a le génitif singulier en *æ*, et le génitif pluriel en *arum*.

NOMBRE SINGULIER.

Nominatif, f.	Ros a,	*la Rose.*
Génitif,	Ros æ,	*de la Rose.*
Datif,	Ros æ,	*à la Rose.*
Accusatif,	Ros am,	*la Rose.*
Vocatif,	ô Ros a,	*ô Rose.*
Ablatif,	Ros â,	*de la Rose.*

NOMBRE PLURIEL.

Nominatif, f.	Ros æ,	*les Roses.*
Génitif,	Ros arum,	*des Roses.*
Datif,	Ros is,	*aux Roses.*
Accusatif,	Ros as,	*les Roses.*
Vocatif,	ô Ros æ,	*ô Roses.*
Ablatif,	Ros is,	*des Roses.*

Ainsi se déclinent tous les noms dont le génitif singulier est en *æ*, et le génitif pluriel en *arum*, comme :

Cauda, dæ, *la Queue.*	Musca, cæ, *la Mouche.*
Herba, bæ, *l'Herbe.*	Pluma, mæ, *la Plume.*
Hora, ræ, *l'Heure.*	Porta, tæ, *la Porte.*
Mensa, sæ, *la Table.*	Statua, tuæ, *la Statue.*

SECONDE DECLINAISON.

LA seconde déclinaison a le génitif singulier en *i*, et le génitif pluriel en *orum*.

SING.	*Nom. m.*	Domin us,	*le Seigneur.*
	Gén.	Domin i,	*du Seigneur.*
	Datif.	Domin o,	*au Seigneur.*
	Acc.	Domin um,	*le Seigneur.*
	Voc.	ô Domin e,	*ô Seigneur.*
	Abl.	Domin o,	*du Seigneur.*

PLUR. *Nom. m.* Domin i,   * *les Seigneurs.*
Gén.   Domin orum, *des Seigneurs.*
Dat.   Domin is,   *aux Seigneurs.*
Acc.   Domin os,   *les Seigneurs.*
Voc. ô Domin i,   *ô Seigneurs.*
Abl.   Domin is,   *des Seigneurs.*

Ainsi se déclinent tous les noms dont le génitif singulier est en *i*, et le génitif pluriel en *orum*, comme :

Asinus, ni, *l'Ane.* | Corvus, vi, *le Corbeau.*
Avus, vi, *le Grand-Père.* | Hortus, ti, *le Jardin.*
Capillus, li, *le Cheveu.* | Lupus, pi, *le Loup.*
Cervus, vi, *le Cerf.* | Populus, li, *le Peuple.*

* Remarquez bien que dans les noms françois le pluriel se forme en ajoutant *s*.

Noms *de la seconde déclinaison qui ont le nominatif singulier en* er; *dans ces noms le vocatif est semblable au nominatif.*

SING. *Nom. m.* Puer,   *l'Enfant.*
Gén.   Puer i,   *de l'Enfant.*
Dat.   Puer o,   *à l'Enfant.*
Acc.   Puer um,   *l'Enfant.*
Voc. ô Puer,   *ô Enfant.*
Abl.   Puer o,   *de l'Enfant.*
PLUR. *Nom. m.* Puer i,   *les Enfans.*
Gén.   Puer orum,   *des Enfans.*
Dat.   Puer is,   *aux Enfans.*
Acc.   Puer os,   *les Enfans.*
Voc. ô Puer i,   *ô Enfans.*
Abl.   Puer is,   *des Enfans.*

Ainsi se déclinent :

Aper, pri, *le Sanglier.* | Magister, tri, *le Maître.*
Liber, bri, *le Livre.* | Vir, viri, *l'Homme.*

Nom *neutre de la seconde déclinaison.*

REMARQUE. Il y a en français deux genres, le genre *masculin* et le genre *féminin.* Les noms d'hommes sont du masculin, comme le Grand-Père, *Avus.* Les noms de femmes sont du

1*

féminin, comme la Fille, *Filia :* ensuite, par imitation, l'on a
donné le genre masculin ou le genre féminin à des choses qui
ne sont ni mâles ni femelles ; ainsi l'on a fait le Jardin, *Hor-*
tus, du masculin ; la Rose, *Rosa,* du féminin. En latin il y a un
troisième genre, qu'on appelle *neutre.* Les noms qui ne sont
ni du genre mascul. ni du genre fémin. sont du genre neutre.

Le genre de chaque nom est marqué ainsi: *m.* pour le masculin, *f.* pour le féminin, *n.* pour le neutre.

SING. *Nom. n.*	Templ	um,	*le Temple.*
Gén.	Templ	i,	*du Temple.*
Dat.	Templ	o,	*au Temple.*
Acc.	Templ	um,	*le Temple.*
Voc.	ô Templ	um,	*ô Temple.*
Abl.	Templ	o,	*du Temple.*
PLUR. *Nom. n.*	Templ	a,	*les Temples.*
Gén.	Templ	orum,	*des Temples.*
Dat.	Templ	is,	*aux Temples.*
Acc.	Templ	a,	*les Temples.*
Voc.	ô Templ	a,	*ô Temples.*
Abl.	Templ	is,	*des Temples.*

Ainsi se déclinent tous les noms neutres dont le génitif
singulier est en *i* et le génitif pluriel en *orum,* comme :

Brachium, i, *le Bras.*
Folium, i, *la Feuille.*
Bellum, i, *la Guerre.*
Vitium, i, *le Vice.*

Vinum, i, *le Vin.*
Collum, i, *le Cou.*
Exemplum, i, *l'Exemple.*
Studium, i, *l'Etude.*

TROISIEME DECLINAISON.

LA troisième déclinaison a le génitif singulier en *is,* et le génit. plur. en *um* ou *ium.*

SING. *Nom. f.*	Soror,		*la Sœur.*
Gén.	Soror	is,	*de la Sœur.*
Dat.	Soror	i,	*à la Sœur.*
Acc.	Soror	em,	*la Sœur.*
Voc.	ô Soror,		*ô Sœur.*
Abl.	Soror	e,	*de la Sœur.*

PLUR. Nom. f.	Soror es,	les Sœurs.
Gén.	Soror um,	des Sœurs.
Dat.	Soror ibùs,	aux Sœurs.
Acc.	Soror es,	les Sœurs.
Voc. ô	Soror es,	ô Sœurs.
Abl. *	Soror ibus,	des Sœurs.

Ainsi se déclinent tous les noms masculins et féminins dont le génitif sing. est en *is*, et le génitif plur. en *um*, comme

Dolor, loris, *la Douleur.*	Pater, tris, *le Père.*
Homo, minis, *l'Homme.*	Virgo, ginis, *la jeune Fille.*
Labor, boris, *le Travail.*	Sermo, monis, *le Discours.*
Mater, tris, *la Mère.*	Miles, litis, *le Soldat.*

* Tous les cas se forment du génitif singulier, excepté le vocatif et le nominatif.

Nom neutre de la troisième déclinaison.

SING. Nom. n.	Corpus,	le Corps.
Gén.	Corpor is,	du Corps.
Dat.	Corpor i,	au Corps.
Acc.	Corpus,	le Corps.
Voc. ô	Corpus,	ô Corps.
Abl.	Corpor e,	du Corps.
PLUR. Nom. n.	Corpor a,	les Corps.
Gén.	Corpor um,	des Corps.
Dat.	Corpor ibus,	aux Corps.
Acc.	Corpor a,	les Corps.
Voc. ô	Corpor a,	ô Corps.
Abl.	Corpor ibus,	des Corps.

Ainsi se déclinent les noms neutres suivans :

Caput, pitis, *la Tête.*	Pecus, coris, *le Troupeau.*
Lumen, minis, *la Lumière.*	Pectus, toris, *la Poitrine.*
Nemus, moris, *le Bois.*	Tempus, poris, *le Temps.*
Olus, leris, *le Légume.*	Vulnus, neris, *la Blessure.*

SING. Nom. f.	Av is,	l'Oiseau.
Gén.	Av is,	de l'Oiseau.
Dat.	Av i,	à l'Oiseau.
Acc.	Av em,	l'Oiseau.
Voc. ô	Av is,	ô Oiseau.
Abl.	Av e,	de l'Oiseau.

PLUR. *Nom. f.* Av es,   *les Oiseaux.*
Gen.   Av ium,   *les Oiseaux.*
Dat.   Av ibus,   *aux Oiseaux.*
Acc.   Av es,   *les Oiseaux.*
Voc.   ô Av es,   *ô Oiseaux.*
Abl.   Av ibus,   *des Oiseaux.*

Déclinez de même :

Cædes, dis, le *Carnage.* | Mensis, mensis, *le Mois.*
Collis, lis, la *Colline.* | Mons, tis, *Montagne.*
Fons, tis, la *Fontaine.* | Nox, noctis, *la Nuit.*

QUATRIÈME DÉCLINAISON.

LA quatrième déclinaison a le génitif singulier en *ús*, et le génitif pluriel en *uum*.

SING. *Nom. f.* Man us,   *la Main.*
Gén.   Man ûs,   *de la Main.*
Dat.   Man ui,   *à la Main.*
Acc.   Man um,   *la Main.*
Voc.   ô Man us,   *ô Main.*
Abl.   Man u,   *de la Main.*

PLUR. *Nom. f.* Man us,   *les Mains.*
Gén.   Man uum,   *des Mains.*
Dat.   Man ibus,   *aux Mains.*
Acc.   Man us,   *les Mains.*
Voc.   ô Man us,   *ô Mains.*
Abl.   Man ibus,   *des Mains.*

Ainsi se déclinent :

Currus, rûs, *le Char.* | Fructus, tûs, *le Fruit.*
Exercitus, tûs, *l'Armée.* | Vultus, tûs, *le Visage.*

NOM *neutre de la quatrième déclinaison.*

REMARQUE. Les noms neutres de la quatrième déclinaison sont indéclinables au sing.; c.-à-d. qu'ils ne changent point leur dernière syllabe; mais ils se déclinent au pluriel.

SING. *Nom. n.* Corn u,   *la Corne.*
Gén.   Corn u,   *de la Corne.*

Dat.	Corn u ,	à la Corne.
Acc.	Corn u ,	la Corne.
Voc.	ô Corn u ,	ô Corne.
Abl.	Corn u ,	de la Corne.
PLUR. Nom. n.	Corn ua,	les Cornes.
Gén.	Corn uum,	des Cornes.
Dat.	Corn ibus,	aux Cornes.
Acc.	Corn ua ,	les Cornes.
Voc.	ô Corn ua,	ô Cornes.
Abl.	Corn ibus ,	des Cornes.

Ainsi se déclinent :

Genu , le *Genou.*   Tonitru , le *Tonnerre.*

CINQUIEME DECLINAISON.

LA cinquième déclinaison a le nominatif en *es*, le génitif singulier en *ei*, et le génitif pluriel en *erum*.

SING. N. m. f.	Di es,	le Jour.
Gén.	Di ei ,	du Jour.
Dat.	Di ei ,	au Jour.
Acc.	Di em ,	le Jour.
Voc.	Di es,	ô Jour.
Abl.	Di e ,	du Jour.
PLUR. Nom. m.	Di es,	les Jours.
Gén.	Di erum ,	des Jours.
Dat.	Di ebus,	aux Jours.
Acc.	Di es ,	les Jours.
Voc.	ô Di es ,	ô Jours.
Abl.	Di ebus ,	des Jours.

Ainsi se déclinent :

Facies , ciei , *le Visage.*   Species , ciei , *l'Apparence.*
Res , rei , *la Chose.*   Spes , spei , *l'Espérance.*

REMARQUE. Les génitifs, datifs et ablatifs pluriels ne sont point usités, excepté dans *res, dies* et *species.*

TABLEAU GÉNÉRAL *dans lequel on a mis sous un même coup d'œil toutes les Déclinaisons.*

SINGULIER.

1	2	3	4	5
N. Rosa ,	dominus,	soror,	manus,	dies.
G. Rosæ,	domini,	sororis,	manûs,	diei.
D. Rosæ ,	domino,	sorori ,	manui,	diei.
A. Rosam ,	dominum,	sororem,	manum,	diem.
V. ô Rosa,	domine,	soror,	manus,	dies.
A. Rosâ ,	domino,	sorore ,	manu ,	die.

PLURIEL.

N. Rosæ,	domini,	sorores;	manus,	dies.
G. Rosarum,	dominorum	sororum ,	manuum,	dierum.
D. Rosis,	dominis,	sororibus,	manibus,	diebus.
A. Rosas,	dominos,	sorores ,	manus,	dies.
V. ô Rosæ ,	domini,	sorores,	manus ,	dies.
A. Rosis,	dominis,	sororibus ,	manibus ,	diebus.

REMARQUE. Dans toutes les déclinaisons les datifs et ablatifs pluriels sont semblables : de même les nominatifs et vocatifs pluriels.

Dans les noms neutres le nominatif, l'accusatif et le vocatif, tant du sing. que du plur. sont toujours semblables, et ces trois cas au pluriel sont toujours terminés en *a*.

REGLE DES NOMS,

OU MANIERE DE JOINDRE DEUX NOMS ENSEMBLE.

Manus *pueri*. Pour joindre ensemble deux noms en françois, nous mettons *de* entre les deux, la main *de* l'enfant. En latin, on met le second au génitif : Manus *pueri*.

Exemples. L'heure du jour, *hora diei.*

Le fruit de l'arbre, *fructus arboris.*

De même au pluriel :

La table des seigneurs, *mensa dominorum.*

Le livre des enfans, *liber puerorum.*

SECONDE ESPECE DE MOTS. L'ADJECTIF.

L'*adjectif* est un mot que l'on ajoute au nom pour marquer la qualité d'une personne ou d'une chose, comme *bon* père, *bonne* mère, *beau* livre, *belle* image. *Bon, bonne,* *beau*, *belle* sont des adjectifs * : ils se déclinent en latin, et ils ont les trois genres, masculin, féminin et neutre.

Il y a des adjectifs qui se rapportent à la première et seconde déclinaison, comme *bonus, bona, bonum; niger, nigra, nigrum* : la terminaison en *us* ou en *er* est pour le masculin et se décline sur *dominus* ou *puer; bona* est pour le féminin et se décline sur *rosa; bonum* est pour le neutre et se décline sur *templum*.

* On connoît un adjectif quand on peut y joindre le mot *chose* ou *personne*; ainsi *agréable, habile*, sont des adjectifs, parce qu'on peut dire, *chose* agréable, *personne* habile.

MODELE DE DECLINAISON.

SINGULIER.

	m.	f.	n.
Nom.	Bon us,	bon a,	bon um.
	Bon,	bonne,	bon.
Gén.	Bon i,	bon æ,	bon i.
Dat.	Bon o,	bon æ,	bon o.
Acc.	Bon um,	bon am,	bon um.
Voc.	ô Bon e,	ô bon a,	ô bon um.
Abl.	Bon o,	bon â,	bon o.

PLURIEL.

Nom.	Bon i,	bon æ,	bon a.
	Bons,	bonnes,	bons.
Gén.	Bon orum,	bon arum,	bon orum.
Dat.	Bon is,	bon is,	bon is.
Acc.	Bon os,	bon as,	bon a.
Voc.	ô Bon i,	ô bon æ,	ô bon a.
Abl.	Bon is,	bon is,	bon is.

Ainsi se déclinent:

Sanctus, sancta, sanctum, *Saint, sainte, saint.*
Doctus, docta, doctum, *Savant, savante, savant.*
Magnus, magna, magnum, *Grand, grande, grand.*
Parvus, parva, parvum, *Petit, petite, petit.*

ADJECTIF EN ER.—SINGULIER.

	m.	*f.*	*n.*
Nôm.	Niger,	nigr a,	nigr um.
	Noir,	*noire,* *	*noir.*
Gén.	Nigr i,	nigr æ,	nigr i.
Dat.	Nigr o,	nigr æ,	nigr o.
Acc.	Nigr um,	nigr am,	nigr um.
Voc. ô	Niger,	ô nigr a,	ô nigr um.
Abl.	Nigr o,	nigr â,	nigr o.

PLURIEL.

Nom.	Nigr i,	nigr æ,	nigr a.
	Noirs,	*noires,*	*noirs.*
Gén.	Nigr orum,	nigr arum,	nigr orum.
Dat.	Nigr is,	nigr is,	nigr is.
Acc.	Nigr os,	nigr as,	nigr a.
Voc. ô	Nigr i,	ô nigr æ,	ô nigr a.
Abl.	Nigr is,	nigr is,	nigr is.

Ainsi se déclinent:

Liber, libera, liberum, *Libre, libre, libre.*
Miser, misera, miserum, *Malheureux, malheureuse, malheureux.*
Piger, pigra, pigrum, *Paresseux, paresseuse, paresseux.*
Pulcher, pulchra, pulchrum, *Beau, belle, beau.*

Il y a des adjectifs de la troisième déclinaison qui n'ont qu'une seule terminaison pour les trois genres, excepté l'accusatif.

SINGULIÉR.

	m.f. n.	
Nom.	Prudens, *prudent, prudente.*	
Gén.	Prudent is,	} *pour les trois genres,*
Dat.	Prudent i,	}

	m. f.	*n.*
Acc.	Prudent em,	prudens.

* Remarquez bien que dans les adjectifs français, le féminin se forme en ajoutant *e*.

Voc. ô Prudens , *pour les trois genres.*

Abl, Prudent e *ou* prudent i *pour les* 3 *g.*

PLURIEL.

        m. f.   *n.*

Nom. Prudent es, prudent ia, *Prudens.*

Gen. Prudent ium, } *pour les* 3 *genres.*
Dat. Prudent ibus, }

Acc. Prudent es , *n.* prudent ia.

Voc. ôPrudent es, *n.* ô prudentia.

Abl. Prudent ibus , *pour les* 3 *genres.*

Ainsi se déclinent :

Felix, cis, *Heureux, heureuse.* Velox, cis, *Prompt, prompte.*
Sapiens, tis , *Sage.* Audax , cis , *Hardi, hardie, hardi.*

Il y a des adjectifs de la troisième déclinaison qui ont au nominatif deux terminaisons, comme *fortis, forte.* La première est pour le masculin et le féminin, et la seconde pour le neutre.

SINGULIER.

        m. f.   *n.*

Nom. Fort is , fort e , *Courageux , courageuse.*

Gén. Fort is, } *pour les trois genres.*
Dat. Fort i , }

Acc. Fort em , *n.* ô fort e.

Voc. ôFort is, *n.* ô fort e.

Abl. Fort i, *pour les trois genres.*

PLURIEL.

        m. f.   *n.*

Nom. Fort es, fort ia, *Courageux.*

Gen. Fort ium , } *pour les trois genres.*
Dat. Fort ibus , }

Acc. Fort es , fort ia.
Voc. ô Fort es , *n.* ô fort ia.
Abl. Fort ibus , *pour les trois genres.*

Ainsi se déclinent :

Comis, come, *Poli.* | Levis, leve, *Léger.*
Facilis, facile, *Facile.* | Utilis, utile, *Utile.*

REMARQUE. Les adjectifs de la troisieme déclinaison qui ont le nominatif neutre en *e* font l'ablatif en *i*, afin que l'on puisse distinguer ces deux cas.

Il y a quelques adjectifs de la troisième déclinaison qui ont trois terminaisons au nominatif et au vocatif singulier, comme :

SINGULIER.

m. *f.* *n.*
Nom. Celeber, celebr is, celebr e, *Célebre.*
Gén. Celebr is,⎫
Dat. Celebr i, ⎭ *pour les trois genres.*
Acc. Celebr em, *n.* celebr e.
Voc. ô Celeber, ô celebr is, *n.* ô celebre.
Abl. Celebr i, *pour les trois genres.*

PLURIEL.

m. *f.* *n.*
Nom. Celebr es, celebr ia, *Célebres.*
Gén. Celebr ium,⎫
Dat. Celebr ibus,⎭ *de tout genre.*
Acc. Celebr es, celebr ia.
Voc. ô Celebr es , *n.* ô celebr ia.
Abl. Celebr ibus , *pour les trois genres.*

Ainsi se déclinent :

Acer, acri, acre, *Vif.*
Alacer, alacris, alacre, *Actif.*
Celer, celeris, celere, *Prompt.*
Saluber, salubris, salubre, *Salutaire.*
La terminaison en *er* est pour le masculin seulement; la terminaison en *is* est pour le masculin et le féminin.

REGLE DES ADJECTIFS,

ou manière de joindre un adjectif avec un nom.

Pater *bonus*. Tout adjectif se met au même genre, au même nombre et au même cas que le nom auquel il est joint.

Exemple :

SINGULIER.

Le père bon,	la mère bonne,	l'exemple	bon.
Pater	bonus,	mater	bona,	exemplum	bonum.
Patris	boni,	matris	bonæ,	exempli	boni.
Patri	bono,	matri	bonæ,	exemplo	bono.
Patrem	bonum,	matrem	bonam,	exemplum	bonum.
ô Pater	bone, ô mater	bona, ô	exemplum	bonum.
Patre	bono,	matre	bona,	exemplo	bono.

PLURIEL.

Les pères bons,	les mères bonnes,	les exemples bons.
Patres	boni,	matres	bonæ,	exempla	bona.
Patrum	bonorum	matrum	bonarum,	exemplorum bonorum.
Patribus bonis,	matribus bonis,	exemplis	bonis.
Patres	bonos,	matres	bonas,	exempla	bona.
ô Patres boni, ô matres	bonæ, ô	exempla	bona.
Patribus bonis,	matribus bonis,	exemplis	bonis.

Autre Exemple :

SINGULIER.

Travail court,	heure courte,	temps	court.
Labor	brevis,	hora	brevis,	tempus	breve.
Laboris	brevis,	horæ	brevis,	temporis	brevis.
Labori	brevi,	horæ	brevi,	tempori	brevi.
Laborem	brevem,	horam	brevem,	tempus	breve.
ô Labor	brevis, ô hora	brevis, ô tempus	breve.
Labore	brevi,	horâ	brevi,	tempore	brevi.

PLURIEL.

Travaux courts,	heures courtes,	temps	courts.
Labores	breves,	horæ	breves,	tempora	brevia.
Laborum	brevium,	horarum brevium,	temporum	brevium.
Laboribus brevibus,	horis	brevibus, temporibus brevibus.
Labores	breves,	horas	breves,	tempora	brevia.
ô Labores breves, ô horæ	breves, ô tempora	brevia.
Laboribus brevibus, horis	brevibus, temporibus brevibus.

TROISIÈME ESPÈCE DE MOTS.
LE PRONOM.

Le *pronom* est un mot qui tient la place du nom.

PRONOMS PERSONNELS.

Il y a trois personnes : la première personne est celle qui parle ; la seconde est celle à qui l'on parle ; la troisième est celle de qui l'on parle.

Pronom de la premiere personne.

SINGULIER.

Nom. Ego , *je* ou *moi.*
Gén. Meî , *de moi.*
Dat. Mihi , *à moi.*
Acc. Me , *moi.*

Il n'a pas de vocatif.

Abl. Me , *de moi.*

PLURIEL.

Nom. Nos, *nous.*
Gén. Nostrûm , *ou* nostrî , *de nous.*
Dat. Nobis , *à nous.*
Acc. Nos , *nous.*
Abl. Nobis , *de nous.*

Pronom de la seconde personne.

SINGULIER.

Nom. Tu , *tu* , ou *toi.*
Gén. Tuî , *de toi.*
Dat. Tibi , *à toi.*
Acc. Te , *toi.*
Voc. ô Tu , *ô toi.*
Abl. Te , *de toi.*

PLURIEL.

Nom. Vos, *vous.*

Gén. Vestrûm, *ou* vestrî, *de vous.*

Dat. Vobis, *à vous.*

Acc. Vos, *vous.*

Voc. ô Vos, *ô vous.*

Abl. Vobis, *de vous.*

Pronom de la troisième personne.

Il n'a pas de nominatif; il est de tout genre, et le même au pluriel qu'au singulier.

SINGULIER ET PLURIEL.

Gén. Suî, *de soi, de lui-même, d'eux-mêmes, ou d'elles-mêmes.*

Dat. Sibi, *à soi, à lui-même, à eux-mêmes, à elles-mêmes.*

Acc. Se, *se, soi, lui-même, eux-mêmes, elles-mêmes.*

Abl. Se, *de soi, de lui-même, d'eux-mêmes, d'elles-mêmes.*

PRONOMS ADJECTIFS.— SINGULIER.

m. *f.* *n.*

Nom. Is, ea, id, *il, elle, ce, cela.*

Gén. Ejus, *de lui, d'elle.*

Dat. Ei, *à lui, à elle.*

Acc. Eum, eam, id, *le, la, le, cela.*

Abl. Eo, eâ, eo, *de lui, d'elle.*

PLURIEL.

Nom. Ii, *ou* ei, eæ, ea, *ils, elles.*

Gén. Eorum, earum, eorum, *d'eux, d'elles.*

Dat. Iis *ou* eis, *à eux, à elles.*

Acc. Eos, eas, ea, *les, eux, elles.*

Abl. Iis *ou* eis, *d'eux, d'elles.*

AUTRE. — SINGULIER.

m. *f.* *n.*

Nom. Hic, hæc, hoc, *celui-ci, celle-ci, cela.*

Gén. Hujus,   } *de tout genre.*
Dat. Huic,   }
Acc. Hunc, hanc, hoc.
Abl. Hoc, hâc, hoc.

PLURIEL.

Nom. Hi, hæ, hæc, *ceux-ci, celles-ci, ces choses.*

Gén. Horum, harum, horum.
Dat. His, *de tout genre.*
Acc. Hos, has, hæc.
Abl. His, *de tout genre.*

AUTRE. — SINGULIER.

m.   f.   n.
Nom. Ille, illa, illud, *celui-là, celle-là, cela.*
Gén. Illius,   } *de tout genre.*
Dat. Illi,   }
Acc. Illum, illam, illud.
Abl. Illo, illâ, illo.

PLURIEL.

Nom. Illi, illæ, illa, *ceux-là, celles-là, ces choses.*

Gén. Illorum, illarum, illorum.
Dat. Illis, *de tout genre.*
Acc. Illos, illas, illa.
Abl. Illis, *de tout genre.*

Déclinez de même Iste, ista, istud.

AUTRE. — SINGULIER.

m.   f.   n.
Nom. Ipse, ipsa, ipsum, *moi, toi* ou *lui-même, elle-même, cela même.*

Gén. Ipsius,   } *de tout genre.*
Dat. Ipsi,   }
Acc. Ipsum, ipsam, ipsum.
Abl. Ipso, ipsâ, ipso.

Nom. Ipsi, ipsæ, ipsa.
Gén. Ipsorum, ipsarum, ipsorum.
Dat. Ipsis, *de tout genre.*
Acc. Ipsos, ipsas, ipsa.
Abl. Ipsis, *de tout genre.*

AUTRE. — SINGULIER.

m.   f.   n.

Nom. Idem, eadem, idem, *le même, la
  même, le même.*
Gén. Ejusdem, ⎫ *de tout genre.*
Dat. Eidem, ⎬
Acc. Eumdem, eamdem, idem.
Abl. Eodem, eâdem, eodem.

Nom. Iidem, eædem, eadem, *les mêmes.*
Gén. Eorumdem, earumdem, eorumdem.
Dat. Iisdem, *ou* eisdem, *de tout genre.*
Acc. Eosdem, easdem, eadem.
Abl. Iisdem, *ou* eisdem, *de tout genre.*

PRONOMS POSSESSIFS.— SINGULIER.

m.   f.   n.

Nom. Meus, mea, meum, *mon, ma,
  mon, le mien, la mienne, le mien.*
Gén. Mei, meæ, mei.
Dat. Meo, meæ, meo.
Acc. Meum, meam, meum.
Voc. ô Mi, ô mea, ô meum.
Abl. Meo, meâ, meo.

Nom. Mei, meæ, mea, *mes, les miens,
  les miennes, les miens.*

Gén.   Meorum, mearum, meorum.

Dat.   Meis, *de tout genre.*

Acc.   Meos, meas, mea.

Voc. ô Mei, ô meæ, ô mea.

Abl.   Meis, *de tout genre.*

Ainsi se déclinent :

Tuus, a, um, *ton, ta, ton, le tien, la tienne, le tien.*
Suus, a, um, *son, sa, son, le sien, la sienne, le sien.*
Et Cujus, a, um, *à qui !* Mais ils n'ont point de vocatif.

SINGULIER.

m.   f.   n.

Nom.   Noster, nostra, nostrum, *notre, le nôtre, la nôtre, le nôtre.*

Gén.   Nostri, nostræ, nostri.

Dat.   Nostro, nostræ, nostro.

Acc.   Nostrum, nostram, nostrum.

Voc. ô Noster, ô nostra, ô nostrum.

Abl.   Nostro, nostrâ, nostro.

PLURIEL.

Nom.   Nostri, nostræ, nostra, *nos, les nôtres.*

Gén.   Nostrorum, nostrarum, nostrorum.

Dat.   Nostris, *de tout genre.*

Acc.   Nostros, nostras, nostra.

Voc. ô Nostri, ô nostræ, ô nostra.

Abl.   Nostris, *de tout genre.*

Déclinez de même : Vester, vestra, vestrum, *votre, le vôtre,* etc.

Règle. Les pronoms adjectifs, quand ils sont joints à un nom, s'accordent avec ce nom en genre, en nombre et en cas. *Exemple :* Mon père, *pater meus ;* ma mère, *mater mea ;* mon bras, *brachium meum.*

PRONOMS RELATIFS. — SINGULIER.

m.   f.   n.

Nom.   Qui, quæ, quod, *qui, laquelle, lequel.*

Gén.   Cujus   } *de tout genre.*

Dat.   Cui

Acc. Quem, quam, quod.

Abl. Quo, quâ, quo.

PLURIEL.

Nom. Qui, quæ, quæ, *qui, lesquelles*, les-
                                         (quels.

Gén. Quorum, quarum, quorum.

Dat. Quibus et queis, *de tout genre.*

Acc. Quos, quas, quæ.

Abl. Quibus et queis, *de tout genre.*

RÈGLE DU QUI RELATIF, *ou manière de joindre le* Qui *relatif avec le nom ou pronom qui est devant, et que l'on appelle* antécédent.

On fait accorder en latin, *qui, quæ, quod,* en genre et en nombre, avec son antécédent.

Ex. Le père qui, *pater qui,* la mère qui, *mater quæ,* le temple qui, *templum quod**,

Composés de QUI. Dans les composés de *qui* on décline seulement *qui ;* les autres syllabes restent les mêmes.

        m.   *f.*   *n.*

N. Quicunque, quæcunque, quodcunque,
    quiconque.   *(genre.*

G. Cujuscunque. **D.** Cuicunque, *de tout*

        m.   *f.*   *n.*

AUTRE. **N.** Quidam, quædam, quoddam,
    et quiddam, *un certain.*

G. Cujusdam. **D.** Cuidam, *de tout genre.*

        m.   *f.*   *n.*

AUTRE. **N.** Quilibet, quælibet, quodlibet
    et quidlibet, *qui l'on voudra.*

---

* Les pronoms *hic, is, ille, ipse, iste,* s'accordent aussi en genre et en nombre avec le nom dont ils tiennent la place ; ainsi en parlant de la tête nous disons *elle*, parce que *tête* est du féminin ; en latin il faut mettre *illud,* parce que *caput* est du neutre.

G. Cujuslibet. D. Cuilibet. *De même* Quivis, quævis, quodvis. G. Cujusvis. D. Cuivis.

Qui *interrogatif*, Quis ?

SINGULIER.

m.   *f.*   *n.*

N. Quis, quæ, quid, (quod *avec un nom.*) *qui, quel, quelle, quoi.*

G. Cujus,   } *de tout genre.*
D. Cui,   }

A. Quem, quam, quid, et quod *avec un nom.*)

A. Quo, quâ, quo.

PLURIEL.

m.   *f.*   *n.*

N. Qui, quæ, quæ, *qui, quels, quelles.*

G. Quorum, quarum, quorum.

D. Quibus, *de tout genre.*

A. Quos, quas, quæ.

A. Quibus, *de tout genre.*

Composés de Quis. On décline seulement *quis*; les autres syllabes restent les mêmes.

m.   *f.*   *n.*

N. Quisnam, quænam, quodnam *et* quidnam, *quel, quelle, quelle chose.*

G. Cujusnam, D. Cuinam, *de tout genre.*

m   *f.*   *n.*

N. Quispiam, quæpiam, quodpiam, quidpiam, *quelqu'un, quelqu'une, quelque chose.*

G. Cujuspiam. D. Cuipiam. *De même.* N. Quisquam, quæquam, quodquam, quidquam.

G. Cujusquam. D. Cuiquam, *de tout genre.*

m.   *f.*   *n.*

N. Quisque, quæque, quodque *et* quidque, *chacun, chacune, chaque chose.*

G. Cujusque. D. Cuique, *de tout genre.*

N. Quisquis, *masc.* quidquid, *neut.*
      qui que ce soit, tout ce qui.

Il n'a que les cas suivans : Dat. sing. Cui-
cui. Abl. Quoquo. Acc. plur. Quosquos.

Dans les deux composés suivans, *quis* est à
la fin du mot, et les cas neutres au pl. sont en *a*.

N. Aliquis, aliqua, aliquod et aliquid,
      quelque, quelqu'une, quelque chose.

G. Alicujus. **D.** Alicui. *Devant un nom de*
      choses qui se comptent, on dit au plu-
      riel Aliquot (*indéclinable.*)

N. Ecquis, ecqua, ecquod *et* ecquid,
      quel, quelle, quoi.

G. Eccujus. **D.** Eccui.
      Dans Unusquisque, *chacun, on décline*
      unus et quisque.

N. Unusquisque, unaquæque, unum-
      quodque.

G. Uniuscujusque. **D.** Unicuique. **Ac.** Unum-
      quemque, unamquamque, unumquodque.
      Ab. Unoquoque, unâquâque, unoquoque.

QUATRIEME ESPECE DE MOTS.

LE VERBE.

Le mot dont on se sert pour exprimer
que l'on est, ou que l'on fait quelque chose,
s'appelle *verbe:* ainsi le mot *être, je suis, etc.*
est un verbe; le mot *lire*, je *lis*, *etc.*, est un
verbe.

On connoît un verbe en françois quand on
peut y ajouter ces pronoms, *je*, *tu*, *il*, *nous*,
vous, *ils* ou *elles;* comme *je* lis, *tu* lis, *il* lit,
nous lisons, *vous* lisez, *ils* lisent.

Ces mots *je*, *nous*, marquent la première personne, c'est-à-dire, celle qui parle.

Ces mots *tu*, *vous*, marquent la seconde personne, c'est-à-dire, celle à qui l'on parle.

Ces mots, *il*, *elle*, *ils*, *elles*, et tout nom mis devant un verbe, marquent la troisième personne, c'est-à-dire, celle de qui l'on parle.

Il y a dans les verbes deux nombres, le singulier, quand on parle d'une seule personne, comme *l'enfant dort*, et le pluriel, quand on parle de plusieurs personnes, comme *les enfans dorment.*

Il y a trois temps, le présent, qui marque que la chose se fait actuellement, comme *je lis;* le passé ou prétérit, qui marque que la chose a été faite, comme *j'ai lu;* le futur, qui marque que la chose se fera, comme *je lirai.*

On distingue trois sortes de prétérits ou passés; savoir l'imparfait, *je lisois:* le parfait, *j'ai lu*, et le plus-que-parfait, *j'avois lu.*

Il y a aussi deux futurs, le futur simple, *je lirai*, et le futur passé, *j'aurai lu.*

Il y a quatre modes dans les verbes : 1°. l'indicatif, quand on affirme que la chose se fait, ou qu'elle s'est faite, ou qu'elle se fera; 2°. l'impératif, quand on commande de la faire; 3°. le subjonctif, quand on souhaite ou qu'on doute qu'elle se fasse, 4°. l'infinitif, qui exprime l'action en général, sans nombres ni personnes, comme *lire.* Ce dernier mode contient le participe, le supin et le gérondif, qui sont des noms formés du verbe.

Réciter de suite les différens modes d'u-

verbe avec tous leurs temps, leurs nombres et personnes, cela s'appelle *conjuguer*.

Il y a en latin quatre conjugaisons ; la première fait à l'infinitif *āre*, et à la seconde personne du présent de l'indicatif, *as*.

La seconde conjugaison fait à l'infinitif *ère*, et à la seconde personne du présent de l'indicatif, *es*.

La troisieme conjugaison fait à l'infinitif *ĕre*, et à la seconde personne du présent de l'indicatif, *is*.

La quatrieme conjugaison fait à l'infinitif *īre*, et à la seconde personne du présent de l'indicatif, *is*.

Il faut commencer par le verbe *Sum*, je suis, que l'on appelle verbe substantif.

INDICATIF. *Présent.*

Sing.	Sum,	*je suis.*
	Es,	*tu es.*
	Est,	*il est.*
Plur.	Sumus,	*nous sommes.*
	Estis,	*vous êtes.*
	Sunt,	*ils sont.*

Imparfait.

Sing.	Er am,	*j'étois.*
	Er as,	*tu étois.*
	Er at,	*il étoit.*
Plur.	Er amus,	*nous étions.*
	Er atis,	*vous étiez.*
	Er aut,	*ils étoient.*

Parfait.

Sing.	Fu i,	*j'ai été.*

Fu isti,	*tu as été.*
Fu it,	*il a été.*
Plur. Fu imus,	*nous avons été.*
Fu istis,	*vous avez été.*
Fu erunt *ou* fu êre,	*ils ont été.*

Autrement pour le françois : *Je fus, tu fus, il fut; nous fûmes, vous fûtes, ils furent.*

Ou : *J'eus été. tu eus été, il eut été ; nous eûmes été, vous eûtes été , ils eurent été.*

Plus-que-parfait.

Sing. Fu eram,	*j'avois été.*
Fu eras,	*tu avois été.*
Fu erat,	*il avoit été.*
Plur. Fu eramus,	*nous avions été.*
Fu eratis,	*vous aviez été.*
Fu erant,	*ils avoient été.*

Futur.

Sing. Ero,	*je serai.*
Eris,	*tu seras.*
Erit,	*il sera.*
Plur. Erimus,	*nous serons.*
Eritis,	*vous serez.*
Erunt,	*ils seront.*

Futur passé.

Sing. Fu ero,	*j'aurai été.*
Fu eris,	*tu auras été.*
Fu erit,	*il aura été.*
Plur. Fu erimus,	*nous aurons été.*
Fu eritis,	*vous aurez été.*
Fu erint,	*ils auront été.*

IMPÉRATIF.

Il n'a point de première personne.

Sing. Es *ou* Esto,	*sois.*
Esto (ille)	*qu'il soit.*

Plur. Simus,   *soyons.*
     Este *ou* estote,   *soyez.*
     Sunto,   *qu'ils soient.*

SUBJONCTIF. *Présent.*

Sing. Sim,   *que je sois.*
     Sis,   *que tu sois.*
     Sit,   *qu'il soit.*
Plur. Simus,   *que nous soyons.*
     Sitis,   *que vous soyez.*
     Sint,   *qu'ils soient.*

Imparfait.

Sing. Essem *ou* Forem, *que je fusse.*
     Esses *ou* Fores, *que tu fusses.*
     Esset *ou* foret, *qu'il fût.*
Plur. Essemus,   *que nous fussions.*
     Essetis,   *que vous fussiez.*
     Essent *ou* Forent, *qu'ils fussent.*

Autrement pour le françois : *Je scrois, tu serois, il seroit, nous serions, vous seriez, ils seroient.*

Parfait.

Sing. Fu erim,   *que j'aie été.*
     Fu eris,   *que tu aies été.*
     Fu erit,   *qu'il ait été.*
Plur. Fu erimus,   *que nous ayons été.*
     Fu eritis,   *que vous ayez été.*
     Fu erint,   *qu'ils aient été.*

Plus-que-parfait.

Sing. Fu issem,   *que j'eusse été.*
     Fu isses,   *que tu eusses été.*
     Fu isset,   *qu'il eût été.*
Plur. Fu issemus,   *que nous eussions été.*
     Fu issetis,   *que vous eussiez été.*
     Fu issent,   *qu'ils eussent été.*

Autrement pour le françois : *J'aurois été, tu aurois été, il auroit été ; nous aurions été , vous auriez été, ils auroient été.*

INFINITIF. *Présent* et *Imparfait.*

Esse , *être, qu'il est , ou qu'il étoit.*

Parfait et *plus-que-parfait.*

Fuisse, *avoir été , qu'il a, ou qu'il avoit été.*

Futur.

Fore (indécl.) *ou* futurum , futuram esse (décl.) *devoir être, qu'il sera, ou qu'il seroit.*

Futur passé. (il se décline.)

Futurum, futuram fuisse, *avoir dû être, qu'il auroit été , ou qu'il eût été.*

Participe futur.

Futurus , futura , futurum , *devant être, qui sera , ou qui doit être.*

Ainsi se conjuguent les verbes composés de *Sum*, comme *Adesse*, être présent ; *Abesse*, être absent; *Deesse*, manquer; *Interesse*, assister à; *Obesse*, nuire; *Præesse*, présider à. *Subesse*, être dessous, etc.

Regle générale pour tous les Verbes.

Ego sum. Tout verbe s'accorde en nombre et en personne avec son nominatif.

Ex. Je suis, *ego sum. Ego* est du singulier; *sum* est aussi du sing. *Ego* est de la prem. personne ; *sum* est aussi de la prem. personne.

Vous êtes, *tu es;* il est, *ille est;* nous sommes, *nos sumus;* vous êtes, *vos estis ;* ils sont, *illi sunt.*

Cette règle regarde également tous les autres verbes que nous allons conjuguer.

VERBES ACTIFS.

On appelle verbes actifs ceux qui sont terminés en *o* , et qui ont un passif, comme *verbero*, je frappe, qui a le passif *verberor*, je suis frappé.

PREMIERE CONJUGAISON.
ARE, as.
INDICATIF. *Présent.*

Sing. Am o,   *j'aime.*
Am as,   *tu aimes.*
Am at,   *il aime.*
Plur. Am amus,   *nous aimons.*
Am atis,   *vous aimez.*
Am ant,   *ils aiment.*

Imparfait.

Sing. Am abam,   *j'aimois.*
Am abas,   *tu aimois.*
Am abat,   *il aimoit.*
Plur. Am abamus,   *nous aimions.*
Am abatis,   *vous aimiez.*
Am abant,   *ils aimoient.*

Parfait.

Sing. Amav i,   *j'ai aimé.*
Amav isti,   *tu as aimé.*
Amav it,   *il a aimé.*
Plur. Amav imus,   *nous avons aimé.*
Amav istis,   *vous avez aimé.*
Am averunt *ou* Am avêre, *ils ont aimé.*

Autrement pour le françois : *J'aimai, tu aimas, il aima ; nous aimâmes, vous aimâtes, ils aimèrent.*

Ou : *J'eus aimé, tu eus aimé, il eut aimé; nous eûmes aimé, vous eûtes aimé, ils eurent aimé.*

Plus-que-parfait.

Sing. Amav eram,   *j'avois aimé.*
Amav eras,   *tu avois aimé.*

2*

Amav erat,   *il avoit aimé.*

Plur. Amav eramus, *nous avions aimé.*

Amav eratis, *vous aviez aimé.*

Amav erant, *ils avoient aimé.*

Futur.

Sing. Am abo,   *j'aimerai.*

Am abis,   *tu aimeras.*

Am abit,   *il aimera.*

Plur. Am abimus, *nous aimerons.*

Am abitis, *vous aimerez.*

Am abunt, *ils aimeront.*

Futur passé.

Sing. Amav ero,   *j'aurai aimé.*

Amav eris, *tu auras aimé.*

Amav erit, *il aura aimé.*

Plur. Amav erimus, *nous aurons aimé.*

Amav eritis, *vous aurez aimé.*

Amav erint, *ils auront aimé.*

IMPÉRATIF.

Point de première personne au singulier.

Sing. Am a, *ou* am ato, *aime.*

Am ato (ille), *qu'il aime.*

Plur. Am emus,   *aimons.*

Am ate, *ou* am atote, *aimez.*

Am anto,   *qu'ils aiment.*

SUBJONCTIF. *Présent.*

Sing. Am em,   *que j'aime.*

Am es,   *que tu aimes.*

Am et,   *qu'il aime.*

Plur. Am emus, *que nous aimions.*

Am etis,   *que vous aimiez.*

Am ent,   *qu'ils aiment.*

Imparfait.

Sing. Am arem,   que j'aimasse.
      Am ares,   que tu aimasses.
      Am aret,   qu'il aimât.
Plur. Am aremus,   que nous aimassions.
      Am aretis,   que vous aimassiez.
      Am arent,   qu'ils aimassent.

Autrement pour le françois : J'aimerois, tu aimerois, il aimeroit ; nous aimerions, vous aimeriez, ils aimeroient.

Parfait.

Sing. Amav erim,   que j'aie aimé.
      Amav eris,   que tu aies aimé.
      Amav erit,   qu'il ait aimé.
Plur. Amav erimus,   que nous ayons aimé.
      Amav eritis,   que vous ayez aimé.
      Amav erint,   qu'ils aient aimé.

Plus-que-parfait.

Sing. Amav issem,   que j'eusse aimé.
      Amav isses,   que tu eusses aimé.
      Amav isset,   qu'il eût aimé.
Plur. Amav issemus,   que nous eussions aimé.
      Amav issetis,   que vous eussiez aimé.
      Amav issent,   qu'ils eussent aimé.

Autrement pour le françois : J'aurois aimé, tu aurois aimé, il auroit aimé ; nous aurions aimé, vous auriez aimé, ils auroient aimé.

INFINITIF. Présent et Imparfait.

Am are, aimer*, qu'il aime ou qu'il aimoit

Parfait et plus-que-parfait.

Amav isse, avoir aimé, qu'il a, où qu'il avoit aimé.

* Il y a quatre conjugaisons françoises ; la première comprend tous les verbes dont l'infinitif est en er ; ils se conjuguent comme aimer.

Futur. (il se décline.)

'Amat urum, amat uram esse, *devoir aimer,*
qu'il aimera, ou *qu'il aimeroit.*

Futur passé. (il se décline.)

Amat urum, amat uram fuisse, *avoir dû ai-*
mer, qu'il auroit, ou *qu'il eût aimé.*

Participe présent.

Am ans, am antis, *aimant, qui aime,* ou *qui*
aimoit.

Participe futur.

Amat urus, amat ura, amat urum, *devant*
aimer, qui aimera, ou *qui doit aimer.*

Supin.

Amat um,   *à aimer.*

Gérondifs.

Am andi,   *d'aimer.*
Am ando,   *en aimant.*
Am andum,   *à aimer, ou pour aimer.*

REMARQUE. Les participes se déclinent : savoir, les participes en *ans* et *ens*, comme *prudens*, et les participes en *us*,
comme *bonus, a, um.*

Ainsi se conjuguent *laudare*, louer ; *vituperare*, blâmer ;
verberare, frapper ; *vocare*, appeler, *etc.*

SECONDE CONJUGAISON.
ERE, ES.

INDICATIF. *Présent.*

Sing.	Mon eo,	*j'avertis.*
	Mon es,	*tu avertis,*
	Mon et,	*il avertit.*
Plur.	Mon emus,	*nous avertissons.*

Mon etis,   *vous avertissez.*
Mon ent,   *ils avertissent.*

Imparfait.

Sing. Mon ebam,   *j'avertissois.*
Mon ebas,   *tu avertissois.*
Mon ebat,   *il avertissoit.*
Plur. Mon ebamus, *nous avertissions.*
Mon ebatis,   *vous avertissiez.*
Mon ebant,   *ils avertissoient.*

Parfait.

Sing. Monu i,   *j'ai averti.*
Monu isti,   *tu as averti.*
Monu it,   *il a averti.*
Plur. Monu imus, *nous avons averti.*
Monu istis,   *vous avez averti.*
Monu erunt, *ou* monu êre, *ils ont*
                     (averti.

Autrement pour le françois : *j'avertis, tu avertis, il avertit,
nous avertîmes, vous avertîtes , ils avertirent.*
Ou : *J'eus averti , tu eus averti , il eut averti ; nous eûmes
averti, vous eûtes averti, ils eurent averti.*

Plus-que-parfait.

Sing. Monu eram,   *j'avois averti.*
Monu eras,   *tu avois averti.*
Monu erat,   *il avoit averti.*
Plur. Monu eramus, *nous avions averti.*
Monu eratis,   *vous aviez averti.*
Monu erant,   *ils avoient averti.*

Futur.

Sing. Mon ebo,   *j'avertirai.*
Mon ebis,   *tu avertiras.*
Mon ebit,   *il avertira.*
Plur. Mon ebimus, *nous avertirons.*

Mon ebitis, *vous avertirez.*

Mon ebunt, *ils avertiront.*

Futur passé.

Sing. Monu ero, *j'aurai averti.*

Monu eris, *tu auras averti.*

Monu erit, *il aura averti.*

Plur. Monu erimus, *nous aurons averti.*

Monu eritis, *vous aurez averti.*

Monu erint, *ils auront averti.*

IMPÉRATIF.

Point de première personne.

Sing. Mon e *ou* mon eto, *avertis.*

Mon eto (ille), *qu'il avertisse.*

Plur. Mon eamus, *avertissons.*

Mon ete *ou* mon etote, *avertissez.*

Mon ento, *qu'ils avertissent.*

SUBJONCTIF. *Présent.*

Sing. Mon eam, *que j'avertisse.*

Mon eas, *que tu avertisses.*

Mon eat, *qu'il avertisse.*

Plur. Mon eamus, *que nous avertissions.*

Mon eatis, *que vous avertissiez.*

Mon eant, *qu'ils avertissent.*

Imparfait.

Sing. Mon erem, *que j'avertisse.*

Mon eres, *que tu avertisses.*

Mon eret, *qu'il avertît.*

Plur. Mon eremus, *que nous avertissions.*

Mon eretis, *que vous avertissiez.*

Mon erent, *qu'ils avertissent.*

Autrement pour le françois : *J'avertirois, tu avertirois, il avertiroit; nous avertirions, vous avertiriez, ils avertiroient.*

Sing. Monu erim, *que j'aie averti.*

Monu eris,   *que tu aies averti.*

Monu erit,   *qu'il ait averti.*

Plur. Monu erimus, *que nous ayons averti*

Monu eritis,   *que vous ayez averti.*

Monu erint,   *qu'ils aient averti.*

Plus-que-parfait.

Sing. Monu issem,   *que j'eusse averti.*

Monu isses,   *que tu eusses averti.*

Monu isset,   *qu'il eût averti.*   (*ti.*

Plur. Monu issemus, *que nous eussions aver-*

Monu issetis,   *que vous eussiez averti.*

Monu issent,   *qu'ils eussent averti.*

Autrement pour le françois : *J'aurois averti, tu aurois averti, il auroit averti; nous aurions averti, vous auriez averti, ils auroient averti.*

INFINITIF. *Présent* et *Imparfait.*

Mon ere, *avertir* *, *qu'il avertit, ou qu'il averti ssoit.*

Parfait et *plus-que-parfait.*

Monu isse, *avoir averti, qu'il a, ou qu'il avoit averti.*

Futur. (il se décline.)

Monit urum, monit uram esse, *devoir aver-tir, qu'il avertira, ou qu'il avertiroit.*

Futur passé. (il se décline.)

Monit urum, monit uram fuisse, *avoir dû avertir, qu'il auroit ou qu'il eût averti.*

Participe présent.

Mon ens, mon entis, *avertissant, qui avertit, ou qui avertissoit.*

Participe futur. •

Monit urus, monit ura, monit urum, *devant avertir, qui doit ou qui devoit avertir.*

* La seconde conjugaison françoise comprend tous les verbes dont l'infinitif est terminé en *ir*; ils se conjuguent sur *avertir*.

Supin.

Monit um, *à avertir.*

Gérondifs.

Mon endi, *d'avertir.*

Mon endo, *en avertissant.*

Mon endum, *à avertir, ou pour avertir.*

Ainsi se conjuguent *docere*, instruire; *terrere*, épouvanter; *tenere*, tenir; *implere*, emplir : ce dernier fait au parfait *implevi*.

TROISIEME CONJUGAISON,

ERE, is.

INDICATIF. *Présent.*

Sing.	Leg o,	*je lis.*
	Leg is,	*tu lis.*
	Leg it,	*il lit.*
Plur.	Leg imus,	*nous lisons.*
	Leg itis,	*vous lisez.*
	Leg unt,	*ils lisent.*

Imparfait.

Sing.	Leg ebam,	*je lisois.*
	Leg ebas,	*tu lisois.*
	Leg ebat,	*il lisoit.*
Plur.	Leg ebamus,	*nous lisions.*
	Leg ebatis,	*vous lisiez.*
	Leg ebant,	*ils lisoient.*

Parfait.

Sing.	Leg i,	*j'ai lu.*
	Leg isti,	*tu as lu.*
	Leg it,	*il a lu.*
Plur.	Leg imus,	*nous avons lu.*
	Leg istis,	*vous avez lu.*
	Leg erunt, *ou* leg ère,	*ils ont lu.*

Autrement pour le françois : *Je lus, tu lus, il lut, nous lûmes, vous lûtes, ils lurent.*

Ou : *J'eus lu , tu eus lu , il eut lu ; nous eûmes lu , vous eûtes lu , ils eurent lu.*

Plus-que-parfait.

Sing. Leg eram,   *j'avois lu.*

Leg eras,   *tu avois lu.*

Leg erat,   *il avoit lu.*

Plur. Leg eramus,   *nous avions lu.*

Leg eratis,   *vous aviez lu.*

Leg erant,   *ils avoient lu.*

Futur.

Sing. Leg am,   *je lirai.*

Leg es,   *tu liras.*

Leg et,   *il lira.*

Plur. Leg emus,   *nous lirons.*

Leg etis,   *vous lirez.*

Leg ent,   *ils liront.*

Futur passé.

Sing. Leg ero,   *j'aurai lu.*

Leg eris,   *tu auras lu.*

Leg erit,   *il aura lu.*

Plur. Leg erimus,   *nous aurons lu.*

Leg eritis,   *vous aurez lu.*

Leg erint,   *ils auront lu.*

IMPÉRATIF.

Point de première personne.

Sing. Leg e *ou* leg ito,   *lis.*

Leg ito (ille),   *qu'il lise.*

Plur. Leg amus,   *lisons.*

Leg ite *ou* leg itote,   *lisez.*

Leg unto,   *qu'ils lisent.*

SUBJONCTIF. *Présent.*

Sing. Leg am,   *que je lise.*

Leg as   *que tu lises.*

	Leg at,	*qu'il lise.*
Plur.	Leg amus,	*que nous lisions.*
	Leg atis,	*que vous lisiez.*
	Leg ant,	*qu'ils lisent.*

Imparfait.

	Leg erem,	*que je lusse.*
Sing.	Leg eres,	*que tu lusses.*
	Leg eret,	*qu'il lût.*
Plur.	Leg eremus,	*que nous lussions.*
	Leg eretis,	*que vous lussiez.*
	Leg erent,	*qu'ils lussent.*

Autrement pour le françois: *Je lirois, tu lirois, il liroit ;
nous lirions, vous liriez, ils liroient.*

Parfait.

	Leg erim,	*que j'aie lu.*
Sing.	Leg eris,	*que tu aies lu.*
	Leg erit,	*qu'il ait lu.*
Plur.	Leg erimus,	*que nous ayons lu.*
	Leg eritis,	*que vous ayez lu.*
	Leg erint,	*qu'ils aient lu.*

Plus-que-parfait.

	Leg issem,	*que j'eusse lu.*
Sing.	Leg isses,	*que tu eusses lu.*
	Leg isset,	*qu'il eût lu.*
Plur.	Leg issemus,	*que nous eussions lu.*
	Leg issetis,	*que vous eussiez lu.*
	Leg issent,	*qu'ils eussent lu.*

Autrement pour le françois : *J'aurois lu, tu aurois lu, il
auroit lu ; nous aurions lu, vous auriez lu, ils auroient lu.*

INFINITIF. *Présent* et *Imparfait.*

Leg ere, *lire, qu'il lit,* ou *qu'il lisoit.*

Parfait et *plus-que-parfait.*

Leg isse, *avoir lu, qu'il a,* ou *qu'il avoit lu.*

Futur. (il se décline.)

Lect urum , lect uram esse , *devoir lire ,*
qu'il lira , ou *qu'il liroit.*

Futur passé. (il se décline.)

Lect urum , lect uram fuisse , *avoir dû lire ,*
qu'il auroit , ou *qu'il eût lu.*

Participe présent.

Leg ens, leg entis, *lisant, qui lit,* ou *quilisoit.*

Participe futur. (se décline.)

Lect urus, lect ura, lect urum, *devant lire,*
qui doit , ou *devoit lire.*

Supin.

Lect um , à lire.

Gérondifs.

Leg endi , *de lire.*

Leg endo , *en lisant.*

Leg endum , *à lire ,* ou *pour lire.*

Ainsi se conjuguent *vincere ,* vaincre ; *occidere ,* tuer; *scribere ,* écrire ; *cognoscere ,* connoître , etc.

SECOND VERBE *de la troisième Conjugaison*
terminé en io.

INDICATIF. *Présent.*

Sing. Accip io, *je reçois.*

Accip is, *tu reçois.*

Accip it, *il reçoit.*

Plur. Accip imus , *nous recevons.*

Accip itis , *vous recevez.*

Accip iunt, *ils reçoivent.*

Imparfait.

Sing. Accip iebam , *je recevois.*

Accip iebas, *tu recevois.*

Accip iebat, *il recevoit.*

Plur. Accip iebamus, *nous recevions.*

Accip iebatis, *vous receviez.*

Accip iebant, *ils recevoient.*

Parfait.

Accep i, *j'ai reçu... le reste comme* leg i.

Plus-que-parfait.

Accep eram, *j'avois reçu... comme* leg eram.

Futur.

Sing. Accip iam, *je recevrai.*

Accip ies, *tu recevras.*

Accip iet, *il recevra.*

Plur. Accip iemus, *nous recevrons.*

Accip ietis, *vous recevrez.*

Accip ient, *ils recevront.*

Futur passé.

Sing. Accep ero, *j'aurai reçu... comme*

leg ero.

IMPÉRATIF.

Point de première personne.

Sing. Accip e, *ou* accip ito, *reçois.*

Accip ito (ille), *qu'il reçoive.*

Plur. Accip iamus, *recevons.*

Accip ite, *ou* accip itote, *recevez.*

Accip iunto, *qu'ils reçoivent.*

SUBJONCTIF. *Présent.*

Sing. Accip iam, *que je reçoive.*

Accip ias, *que tu reçoives.*

Accip iat, *qu'il reçoive.*

Plur. Accip iamus, *que nous recevions.*

Accip iatis, *que vous receviez.*

Accip iant, *qu'ils reçoivent.*

Imparfait.

Sing. Accip erem, *que je reçusse.*

Accip eres, *que tu reçusses.*

Accip eret, *qu'il reçût.*

Plur. Accip eremus, *que nous reçussions.*

Accip eretis, *que vous reçussiez.*

Accip erent, *qu'ils reçussent.*

Autrement: *Je recevrois, tu recevrois, il recevroit ; nous recevrions*, etc.

Parfait.

Accep erim, *que j'aie reçu...comme* leg erim.

Plus-que-parfait.

Accep issem, *que j'eusse reçu... comme* leg issem.

Autrement: *J'aurois reçu, tu aurois reçu, il auroit reçu*, etc.

INFINITIF. *Présent et Imparfait.*

Accip ere, *recevoir,* * *qu'il reçoit, ou qu'il recevoit.*

Parfait *et* plus-que-parfait.

Accep isse, *avoir reçu, qu'il a, ou qu'il avoit reçu.*

Futur. (il se décline.)

Accept urum, accept uram esse, *devoir recevoir, qu'il recevra, ou qu'il recevroit.*

Futur passé. (il se décline.)

Accept urum, accept uram fuisse, *avoir dû recevoir, qu'il aura, ou qu'il auroit reçu.*

Participe présent.

Accip iens, ientis, *recevant, qui reçoit, ou qui recevoit.*

Participe futur.

Accept urus, ra, rum, *devant recevoir ; qui recevra, ou doit recevoir.*

* La troisième conjugaison françoise comprend tous les verbes dont l'infinitif est terminé en *oir;* ils se conjuguent sur *recevoir.*

Supin.

Accept um, *à recevoir.*

Gérondifs.

Accip iendi, *de recevoir.*

Accip iendo, *en recevant.*

Accip iendum, *à recevoir,* ou *pour recevoir.*

QUATRIEME CONJUGAISON.

IRE, is.

INDICATIF. *Présent.*

Sing. **Aud io,** *j'entends,* ou *j'écoute.*

Aud is, *tu entends,* ou *tu écoutes.*

Aud it, *il entend,* ou *il écoute.*

Plur. **Aud imus,** *nous entendons,* ou, *etc.*

Aud itis, *vous entendez.*

Aud iunt, *ils entendent.*

Imparfait.

Sing. **Aud iebam,** *j'entendois,* ou *j'écoutois.*

Aud iebas, *tu entendois.*

Aud iebat, *il entendoit.*

Plur. **Aud iebamus,** *nous entendions.*

Aud iebatis, *vous entendiez.*

Aud iebant, *ils entendoient.*

Parfait.

Sing. **Audiv i,** *j'ai entendu.*

Audiv isti, *tu as entendu.*

Audiv it, *il a entendu.*

Plur. **Audiv imus,** *nous avons entendu.*

Audiv istis, *vous avez entendu.*

Audiv erunt, ou **aud ivère,** *ils ont en-*
(*tendu.*

Autrement pour le françois: *J'entendis, tu entendis, il entendit; nous entendîmes, vous entendîtes, ils entendirent.* Ou: *J'eus entendu, tu eus entendu, il eut entendu; nous eûmes entendu, vous eûtes entendu, ils eurent entendu.*

Plus-que-parfait.

Sing. Audiv eram,   *j'avois entendu.*
     Audiv eras,   *tu avois entendu.*
     Audiv erat,   *il avoit entendu.*
Plur. Audiv eramus, *nous avions entendu*
     Audiv eratis,   *vous aviez entendu.*
     Audiv erant,   *ils avoient entendu.*

Futur.

Sing. Aud iam,   *j'entendrai.*
     Aud ies,   *tu entendras.*
     Aud iet,   *il entendra.*
Plur. Aud iemus,   *nous entendrons.*
     Aud ietis,   *vous entendrez.*
     Aud ient,   *ils entendront.*

Futur passé.

Sing. Audiv ero,   *j'aurai entendu.*
     Audiv eris,   *tu auras entendu.*
     Audiv erit,   *il aura entendu.*
Plur. Audiv erimus, *nous aurons entendu.*
     Audiv eritis,   *vous aurez entendu.*
     Audiv erint,   *ils auront entendu.*

IMPÉRATIF.

Point de première personne.

Sing. Aud i, *ou* audito, *entends.*
     Aud ito (ille),   *qu'il entende.*
Plur. Aud iamus,   *entendons.*
     Aud ite, *ou* aud itote, *entendez.*
     Aud iunto,   *qu'ils entendent.*

SUBJONCTIF. *Présent.*

Sing. Aud iam,   *que j'entende.*

Aud ias,   *que tu entendes.*
Aud iat,   *qu'il entende.*
Plur. Aud iamus, *que nous entendions.*
Aud iatis,   *que vous entendiez.*
Aud iant,   *qu'ils entendent.*

Imparfait.

Sing. Aud irem,   *que j'entendisse.*
Aud ires,   *que tu entendisses.*
Aud iret,   *qu'il entendît.*
Plur. Aud iremus, *que nous entendissions.*
Aud iretis, *que vous entendissiez.*
Aud irent,   *qu'ils entendissent.*

Autrement pour le françois : *J'entendrois, tu entendrois, il entendroit; nous entendrions, vous entendriez, ils entendroient.*

Parfait.

Sing. Audiv erim, *que j'aie entendu.*
Audiv eris,   *que tu aies entendu.*
Audiv erit,   *qu'il ait entendu. (du.*
Plur. Audiv erimus, *que nous ayons enten-*
Audiv eritis, *que vous ayez entendu.*
Audiv erint,   *qu'ils aient entendu.*

Plus-que-parfait.

Sing. Audiv issem, *que j'eusse entendu.*
Audiv isses,   *que tu eusses entendu.*
Audiv isset,   *qu'il eût entendu.*
Plur. Audiv issemus, *que nous eussions*
                                    entendu..
Audiv issetis, *que vous eussiez en-*
                                    tendu.
Audiv issent, *qu'ils eussent entendu.*

Autrement pour le françois : *J'aurois entendu, tu aurois entendu, il auroit entendu, nous aurions entendu, vous auriez entendu, ils auroient entendu.*

INFINITIF. *Présent* et *Imparfait.*

Aud ire, *entendre,* * *qu'il entend,* ou
(*qu'il entendoit.*

Parfait et *plus-que-parfait.*

Audiv isse, *avoir entendu, qu'il a,* ou *qu'il*
(*avoit entendu.*

Futur. (il se décline.)

Audit urum, audit uram esse, *devoir enten.*
(*dre, qu'il entendra* ou *qu'il entendroit.*

Futur passé. (il se décline.)

Audit urum, audit uram fuisse, *avoir dû*
entendre, qu'il eût, ou *qu'il auroit entendu.*

Participe présent.

Aud iens, aud ientis, *entendant, qui en-*
(*tend,* ou *qui entendoit.*

Participe futur.

Audit urus, audit ura, audit urum, *devant*
entendre, qui doit, qui devoit entendre.

Supin.

Audit um, *à entendre.*

Gérondifs.

Aud iendi, *d'entendre.*
Aud iendo, *en entendant.*
Aud iendum, *à entendre,* ou *pour entendre.*

Ainsi se conjuguent *aperire,* ouvrir; *munire,* fortifier,
sepelire, ensevelir; *punire,* punir, *etc.*

REMARQUE. On peut faire une *syncope,* c'est-à-dire
retrancher quelques lettres dans les parfaits et dans tous les
temps qui en sont formés, en ôtant *ve* ou *vi,* et quelquefois
le *v* seulement dans la quatrième conjugaison : ainsi l'on
dit *amârunt* pour *amaverunt; implessem* pour *implevissem,*
audieram pour *audiveram, audiissem* pour *audivissem.*

*La quatrième conjug. françoise comprend tous les verbes,
dont l'infinit. est terminée en *re;* ils se conjuguent sur *entendre.*

3

TABLEAU GÉNÉRAL

Dans lequel on a mis sous un même coup d'œil les quatre Conjugaisons.

INDICATIF.	1		2		3		4	
Présent.	Am o,	as.	Mon eo,	es.	Leg o,	is.	Aud io,	is.
Imparfait.	Am abam,	abas.	Mon ebam,	ebas.	Leg ebam, cbas,		Aud iebam,	iebas.
Parfait.	Amav i,	isti.	Monu i,	isti.	Leg i,	isti.	Audiv i,	isti.
Plus-que-p.	Amav eram,	eras.	Monu eram,	eras.	Leg eram, eras.		Audiv eram,	eras.
Futur.	Am abo,	abis.	Mon ebo,	ebis.	Leg am,	es.	Aud iam,	ies.
Futur passé.	Amav ero,	eris.	Monu ero,	eris.	Leg ero,	eris.	Audiv ero,	eris.
IMPÉRATIF.	Am a,	ato.	Mon e,	eto.	Leg e, ou ito.		Aud i,	ito.
SUBJONCTIF.								
Présent.	Am em,	es.	Mon eam,	eas.	Leg am,	as.	Aud iam,	ias.
Imparfait.	Am arem,	ares.	Mon erem,	eres.	Leg erem, eres.		Aud irem,	ires.
Parfait.	Amav erim,	eris.	Monu erim,	eris.	Leg erim, eris.		Audiv erim,	eris.
Plus-que-p.	Amav issem,	isses.	Monu issem,	isses.	Leg issem, isses.		Audiv issem,	isses.
INFINITIF.	Am are,	avisse.	Mon ere,	uisse.	Leg ere,	isse.	Aud ire,	ivisse.

FORMATION DES TEMPS.

Présent de l'Infinitif.

Otez-en la dernière syllabe, vous aurez l'impératif.

Ama, monè, lege, audi.*

Ajoutez-y *m*, vous aurez l'imparfait du subjonctif.

Amare m, monère m, legere m, audire m.

Présent de l'Indicatif.

1°. Dans les deux premières conjugaisons changez *o* en *abo*, *ebo*, vous aurez le futur *am abo*, *mon ebo* : dans les deux dernières, changez *o* en *am*, *leg am*, *aud iam*.

2°. Dans la première conjugaison, changez *o* en *em*, vous aurez le présent du subjonctif *am em*; dans les trois autres, changez *o* en *am*, *mon eam*, *leg am*, *aud iam*.

Parfait de l'Indicatif.

Changez *i* en *eram*, vous aurez le plus-que-parfait.

Amav eram, monu eram, leg eram, audiv eram.

Changez *i* en *ero*, vous aurez le futur passé.

Amav ero, monu ero, leg ero, audiv ero.

Changez *i* en *erim*, vous aurez le parfait du subjonctif.

Amav erim, monu erim, leg erim, audiv erim.

Changez *i* en *issem*, vous aurez le plus-que-parfait du subjonctif.

Amav issem, monu issem, leg issem, audiv issem.

* Quatre Verbes, *dico*, *duco*, *facio*, *fero*, font à l'impératif, *dic*, *duc*, *fac*, *fer*, ainsi que les Verbes qui en sont composés, excepté ceux qui changent *facere* en *ficere*.

REGLE DES VERBES ACTIFS.

Amo Deum. Tous les verbes actifs gouvernent l'accusatif.

Ex. J'aime, j'aimois, j'ai aimé, j'aimerai Dieu : *amo, amabam, amavi, amabo Deum.*

Vous aviez instruit, vous instruiriez l'enfant : *docueras, doceres puerum.*

Il aura lu, il auroit lu le livre, *legerit, legisset librum ;* écoutez votre maître, *audi magistrum tuum.*

CONJUGAISONS *des Verbes Passifs.*

On forme le verbe passif en ajoutant *r* à l'actif, *amo, amor ; doceo, doceor.*

Première Conjugaison passive.

A M A R I.

INDICATIF. *Présent.*

Sing. Am or,   *je suis aimé.*
Am aris, *ou* am are, *tu es aimé.*
Am atur,   *il est aimé.*
Plur. Am amur,   *nous sommes aimés.*
Am amini,   *vous êtes aimés.*
Am antur,   *ils sont aimés.*

Imparfait.

Sing. Am abar,   *j'étois aimé.*
Am abaris *ou* am abare, *tu étois aimé.*
Am abatur,   *il étoit aimé.*
Plur. Am abamur,   *nous étions aimés.*
Am abamini, *vous étiez aimés.*
Am abantur,   *ils étoient aimés.*

Parfait. (il se décline.)

Sing. Amat us sum *ou* fui, *j'ai été aimé.*
Amat us es *ou* fuisti, *tu as été aimé.*

Amat us est *ou* fuit, *il a été aimé.*

Plur.-Amat i sumus *ou* fuimus, *nous avons*
(*été aimés.*

Amat i estis *ou* fuistis, *vous avez été*
(*aimés.*

Amat i sunt *ou* fuerunt, *ils ont été*
(*aimés.*

Autrement pour le françois : *Je fus aimé, tu fus aimé, il fut aimé; nous fûmes aimés, vous fûtes aimés, ils furent aimés. Ou : J'eus été aimé, tu eus été aimé, il eut été aimé ; nous eûmes été aimés, vous eûtes été aimés, ils eurent été aimés.*

Plus-que-parfait. (il se décline.)

Sing. Amat us eram *ou* fueram, *j'avois été*
(*aimé.*

Amat us eras *ou* fueras, *tu avois été*
(*aimé.*

Amat us erat *ou* fuerat, *il avoit été*
(*aimé.*

Plur. Amat i eramus *ou* fueramus, *nous*
(*avions été aimés.*

Amat i eratis *ou* fueratis, *vous aviez*
(*été aimés.*

Amat i erant *ou* fuerant, *ils avoient*
(*été aimés.*

Futur.

Sing. Am abor, *je serai aimé.*

Am aberis *ou* am abere, *tu seras aimé.*

Am abitur, *il sera aimé.*

Plur. Am abimur, *nous serons aimés.*

Am abimini, *vous serez aimés.*

Am abuntur, *ils seront aimés.*

Futur passé. (il se décline.)

Sing. Amat us ero *ou* fuero, *j'aurai été aimé.*

Amat us eris *ou* fueris, *tu auras été*
(*aimé.*

Amat us erit, *ou* fuerit, *il aura été*
(*aimé.*

Plur. Amat i erimus *ou* fuerimus, *nous au-*
(*rons été aimés.*

Amat i eritis *ou* fueritis, *vous aurez*
(*été aimés.*

Amat i erunt *ou* fuerint, *ils auront été*
(*aimés.*

IMPÉRATIF.

Point de première personne.

Sing. Am are *ou* amator,   *sois aimé.*

Am ator (ille),   *qu'il soit aimé.*

Plur. Am emur,   *soyons aimés.*

Am amini,   *soyez aimés.*

Am antor   *qu'ils soient aimés.*

SUBJONCTIF. *Présent.*

Sing. Am er,   *que je sois aimé.*

Am eris *ou* am ere, *que tu sois aimé.*

Am etur,   *qu'il soit aimé.*

Plur. Am emur,   *que nous soyons aimés.*

Am emini,   *que vous soyez aimés.*

Am entur,   *qu'ils soient aimés.*

Imparfait.

Sing. Am arer,   *que je fusse aimé.*

Am areris *ou* am arere, *que tu fusses*
(*aimé.*

Am aretur, *qu'il fût aimé.*

Plur. Am aremur, *que nous fussions aimés.*

Am aremini, *que vous fussiez aimés.*

Am arentur, *qu'ils fussent aimés.*

Autrement pour le françois : *Je serois aimé, tu serois
aimé, il seroit aimé, nous serions aimés, vous seriez aimés,
ils seroient aimés?*

Parfait. (il se décline.)

Sing. Amat us sim *ou* fuerim, *que j'aie été*
(*aimé.*

Amat us sis *ou* fueris, *que tu aies été*
(*aimé.*

Amat us sit *ou* fuerit, *qu'il ait été*
(*aimé.*

Plur. Amat i simus *ou* fuerimus, *que nous*
(*ayons été aimés.*

Amat i sitis *ou* fueritis, *que vous ayez*
(*été aimés.*

Amat i sint *ou* fuerint, *qu'ils aient été*
(*aimés.*

Plus-que-parfait. (il se décline.)

Sing. Amat us essem *ou* fuissem, *que j'eusse*
(*été aimé.*

Amat us esses *ou* fuisses, *que tu eusses*
(*été aimé.*

Amat us esset *ou* fuisset, *qu'il eût été*
(*aimé.*

Plur. Amat i essemus *ou* fuissemus, *que nous*
(*eussions été aimés.*

Amat i essetis *ou* fuissetis, *que vous*
(*eussiez été aimés.*

Amat i essent *ou* fuissent, *qu'ils eussent*
(*été aimés.*

Autrement pour le françois : *J'aurois été aimé, tu aurois
été aimé, il auroit été aimé; nous aurions été aimés, vous
auriez été aimés, ils auroient été aimés.*

INFINITIF. *Présent* et *Imparfait.*

Am ari, *être aimé, qu'il est* ou *étoit aimé.*

Parfait et *plus-que-parfait.* (il se décline.)

Amat um, amat am esse *ou* fuisse, *avoir*
(*été aimé, qu'il a été* ou *avoit été aimé.*

Futur.

Amat um (*indécl.*) iri, am andum (*il se décl.*) esse, *devoir être aimé, qu'il sera ou (qu'il seroit aimé.*

Futur passé. (il se décline.)

Am andum fuisse, *avoir dû être aimé, (qu'il auroit ou qu'il eût été aimé.*

Participe passé.

Amat us, amat a, amat um, *aimé, ayant (été aimé, qui a été aimé.*

Participe futur.

Am andus, am anda, am andum, *devant (être aimé, qui doit, qui devoit être aimé.*

Supin.

Amat u,   *à être aimé.*

Ainsi se conjuguent *laudor,* je suis loué; *vituperor,* je suis blâmé; *verberor,* je suis frappé; *vŏcor,* je suis appelé, etc.

Remarque. Tous les temps composés se déclinent, tant au singulier qu'au pluriel, comme *bonus, a, um,* et ils s'accordent en genre, en nombre et en cas avec leurs nominatifs. *Exemple.* Le père a été aimé, *pater amatus est ;* la mère a été aimée, *mater amata est.*

Seconde Conjugaison passive.

MONERI.

INDICATIF. *Présent.*

Sing. Mon eor,   *je suis averti.*
Mon eris *ou* mon ere, *tu es averti.*
Mon etur,   *il est averti.*

Plur. Mon emur,   *nous sommes avertis.*
Mon emini,   *vous êtes avertis.*
Mon entur,   *ils sont avertis.*

Imparfait.

Sing. Mon ebar,   *j'étois averti.*

Mon ebaris, mon ebare, *tu étois averti.*

Mon ebatur, *il étoit averti.*

Plur. Mon ebamur, *nous étions avertis.*

Mon ebamini, *vous étiez avertis.*

Mon ebantur, *ils étoient avertis.*

Parfait. (il se décline.)

Sing. Monit us sum *ou* fui, *j'ai été averti.*

Monit us es *ou* fuisti, *tu as été averti.*

Monit us est *ou* fuit, *il a été averti.*

Plur. Monit i sumus *ou* fuimus, *nous avons*
(*été avertis.*

Monit i estis *ou* fuistis, *vous avez été*
(*avertis.*

Monit i sunt *ou* fuerunt, *ils ont été*
(*avertis.*

Autrement pour le françois : *Je fus averti, tu fus averti, il fut averti ; nous fûmes avertis, vous fûtes avertis, ils furent avertis.*

Ou : *J'eus été averti, tu eus été averti, il eut été averti ; nous eûmes été avertis, vous eûtes été avertis, ils eurent été avertis.*

Plus-que-parfait. (il se décline.)

Sing. Monit us eram *ou* fueram, *j'avois été*
(*averti.*

Monit us eras *ou* fueras, *tu avois été*
(*averti.*

Monit us erat *ou* fuerat, *il avoit été*
(*averti.*

Plur. Monit i eramus *ou* fueramus, *nous*
(*avions été avertis.*

Monit i eratis *ou* fueratis, *vous aviez*
(*été avertis.*

Moni ti erant *ou* fuerant, *ils avoient*
(*été avertis.*

Futur.

Sing. Mon ebor, *je serai averti.*

5*

Mon eberis, mon ebere, *tu seras averti.*
Mon ebitur,   *il sera averti.*
Plur. Mon ebimur, *nous serons avertis.*
Mon ebimini, *vous serez avertis.*
Mon ebuntur, *ils seront avertis.*

Futur passé. (il se décline.)

Sing. Monitus ero *ou* fuero, *j'aurai été averti.*
Monit us eris *ou* fueris, *tu auras été*
                  (*averti.*

Monit us erit *ou* fuerit, *il aura été averti.*
Plur. Moniti erimus *ou* fuerimus, *nous au-*
                 (*rons été avertis.*

Monit i eritis *ou* fueritis, *vous aurez*
                 (*été avertis.*

Monit i erunt *ou* fuerint, *ils auront été*
                 (*avertis.*

IMPÉRATIF.

Point de premiere personne.

Sing. Mon ere *ou* mon etor, *sois averti.*
Mon etor (ille), *qu'il soit averti.*
Plur. Mon eamur, *soyons avertis.*
Mon emini, *soyez avertis.*
Mon entor, *qu'ils soient avertis.*

SUBJONCTIF. *Présent.*

Sing. Mon ear,   *que je sois averti.*
Mon earis, mon eare, *que tu sois averti.*
Mon eatur, *qu'il soit averti.*
Plur. Mon eamur, *que nous soyons avertis.*
Mon eamini, *que vous soyez avertis.*
Mon eantur, *qu'ils soient avertis.*

Imparfait.

Sing. Monerer, *que je fusse averti.*

Mon ereris *ou* mon erere, *que tu fusses*
(averti.

Mon eretur , *qu'il fût averti.*

Plur. Mon eremur, *que nous fussions avertis.*

Mon eremini, *que vous fussiez avertis.*

Mon erentur, *qu'ils fussent avertis.*

Autrement pour le françois : *Je serois averti, tu serois averti*, etc.

Parfait. (il se décline.)

Sing. Monit us sim *ou* fuerim, *que j'aie été*
(averti.

Monit us sis *ou* fueris, *que tu aies été*
(averti.

Monit us sit, fuerit, *qu'il ait été averti.*

Plur. Monit i simus *ou* fuerimus , *que nous*
(ayons été avertis.

Monit i sitis *ou* fueritis, *que vous*
(ayez été avertis.

Monit i sint *ou* fuerint, *qu'ils aient été*
(avertis.

Plus-que-parfait. (il se décline.)

Sing. Monit us essem *ou* fuissem, *que j'eusse*
(été averti.

Monit us esses *ou* fuisses, *que tu eusses*
(été averti.

Monit us esset *ou* fuisset , *qu'il eût été*
(averti.

Plur. Monit i essemus *ou* fuissemus , *que*
(nous eussions été avertis.

Monit i essetis *ou* fuissetis, *que vous*
(eussiez été avertis.

Monit i essent *ou* fuissent, *qu'ils eus-*
(sent été avertis.

Autrement pour le françois : *J'aurois été averti*, etc.

INFINITIF. — *Présent* et *Imparfait.*

Mon eri, *être averti, qu'il est* ou *étoit averti.*

Parfait et *plus-que-parfait.* (il se décl.)

Monit um , monit am esse, *avoir été averti,*
     (*qu'il a* ou *avoit été averti, avertie.*

Futur.

Monit um (*ind.*) iri, mon endum (*décl.*) esse,
  (*devoir être averti, qu'il sera* ou *seroit averti.*

Futur passé. (il se décline.)

Mon endum fuisse, *avoir dû être averti,*
     (*qu'il auroit, qu'il eût été averti.*

Participe passé.

Monit us, it a, t um, *averti, ayant été averti,*
      (*qui a été averti.*

Participe futur.

Mon endus , da. dum, *devant être averti.*

Supin.

Monit u ,   *à être averti.*

Ainsi se conjuguent *doceor,* je suis instruit ; *terreor,* je
suis épouvanté ; *teneor,* je suis tenu ; *impleor,* je suis rempli, etc.

Troisième Conjugaison passive.

L E G I.

INDICATIF. — *Présent.*

Sing. Leg or ,   *je suis lu.*
     Leg eris *ou* legere , *tu es lu.*
     Leg itur,   *il est lu.*
Plur. Leg imur,   *nous sommes lus.*
     Leg imini ,   *vous êtes lus.*
  * Leg untur,   *ils sont lus.*

Les Verbes en *ior* font *iuntur, accipiuntur.*

Imparfait.

Sing. ¹Leg ebar,   *j'étois lu.*

   Leg ebaris, *ou* leg ebare, *tu étois lu.*

   Leg ebatur,   *il étoit lu.*

Plur. Leg ebamur,   *nous étions lus.*

   Leg ebamini,   *vous étiez lus.*

   Leg ebantur,   *ils étoient lus.*

Parfait. (il se décline.)

Sing. Lect us sum *ou* fui,   *j'ai été lu.*

   Lect us es *ou* fuisti,   *tu as été lu.*

   Lect us est *ou* fuit,   *il a été lu.* (*lus.*

Plur. Lect i sumus *ou* fuimus, *nous avons été*

   Lect i estis *ou* fuistis, *vous avez été lus.*

   Lect i sunt *ou* fuerunt, *ils ont été lus.*

Autrement pour le françois : *Je fus lu , tu fus lu , il fut lu ; nous fûmes lus , vous fûtes lus , ils furent lus.*

  Ou : *J'eus été lu, tu eus été lu, il eut été lu ; nous eûmes été lus , vous eûtes été lus, ils eurent été lus.*

Plus-que-parfait. (il se décline.)

Sing. Lect us eram *ou* fueram, *j'avois été lu.*

   Lect us eras *ou* fueras,   *tu avois été lu.*

   Lect us erat *ou* fuerat,   *il avoit été lu.*

Plur. Lect i eramus *ou* fueramus , *nous*

          (*avions été lus.*

   Lect i eratis, fueratis, *vous aviez été lus.*

   Lect i erant, fuerant, *ils avoient été lus.*

Futur.

Sing. ²Leg ar ,   *je serai lu.*

   Leg eris *ou* leg ere, *tu seras lu.*

   Leg etur,   *il sera lu.*

Plur. Leg emur,   *nous serons lus.*

   Leg emini,   *vous serez lus.*

1 Les Verbes en *ior* font *iebar , accip iebar.*
2 Ceux en *ior* font au futur *iar , accip iar.*

Leg entur, *ils seront lus.*

Futur passé. (il se décline.)

Sing. Lect us ero *ou* fuero, *j'aurai été lu.*

Lect us eris *ou* fueris, *tu auras été lu.*

Lect us erit *ou* fuerit, *il aura été lu.*

Plur. Lect i erimus *ou* fuerimus, *nous au-
(rons été lus.*

Lect i eritis *ou* fueritis, *vous aurez
(été lus.*

Lect i erunt *ou* fuerint, *ils auront
(été lus.*

IMPÉRATIF.
Point de premiere personne.

Sing. Leg ere *ou* leg itor, *sois lu.*

Leg itor (ille), *qu'il soit lu.*

Plur. ¹Leg amur, *soyons lus.*

Leg imini, *soyez lus.*

²Leg untor, *qu'ils soient lus.*

SUBJONCTIF. *Présent.*

Sing. ³Leg ar, *que je sois lu.*

Leg aris *ou* leg are, *que tu sois lu.*

Leg atur, *qu'il soit lu.*

Leg amur, *que nous soyons lus.*

Leg amini, *que vous soyez lus.*

Leg antur, *qu'ils soient lus.*

Imparfait.

Sing. Leg erer, *que je fusse lu.*

Leg ereris *ou* leg erere, *que tu fusses lu.*

Leg eretur, *qu'il fût lu.*

Plur. Leg eremur, *que nous fussions lus.*

Les Verbes en *ior* font *iamur, accip iamur.*
Ceux en *ior* font *iuntor, accip iuntor.*
Ceux en *ior* font au subjonctif *iar, accip iar.*

Leg eremini, *que vous fussiez lus.*

Leg erentur, *qu'ils fussent lus.*

Autrement pour le françois : *Je serois lu , tu serois lu , il seroit lu , nous serions lus , vous seriez lus , ils seroient lus.*

Parfait. (il se décline.)

Sing. Lect us sim *ou* fuerim, *que j'aie été lu.*

Lect us sis *ou* fueris, *que tu aies été lu.*

Lect us sit *ou* fuerit, *qu'il ait été lu.*

Plur. Lect i simus *ou* fuerimus, *que nous*
(*ayons été lus.*

Lect i sitis *ou* fueritis, *que vous ayez*
(*été lus.*

Lect i sint *ou* fuerint, *qu'ils aient été*
(*lus.*

Plus-que-parfait. (il se décline.)

Sing. Lect us essem *ou* fuissem, *que j'eusse*
(*été lu.*

Lect us esses *ou* fuisses, *que tu eusses*
(*été lu.*

Lect us esset *ou* fuisset, *qu'il eût été lu.*

Plur. Lect i essemus *ou* fuissemus, *que nous*
(*eussions été lus.*

Lect i essetis *ou* fuissetis, *que vous eus-*
(*siez été lus.*

Eect i essent *ou* fuissent, *qu'ils eussent*
(*été lus.*

Autrement pour le françois : *J'aurois été lu , tu aurois été lu , il auroit été lu ; nous aurions été lus , vous auriez été lus, ils auroient été lus.*

INFINITIF. *Présent* et *Imparfait.*

Leg i , *être lu.*

Parfait et *plus-que-parfait.* (il se décl.)

Lect um, lect am esse, *avoir été lu.*

Futur.

Lect um *(indécl.)* iri, leg endum *(decl.)* esse,
(*devoir être lu , qu'il sera , qu'il seroit lu.*

Futur passé. (il se décline.)

Leg endum fuisse, *avoir dû être lu , qu'il*
(*auroit ou qu'il eût été lu.*

Participe passé.

Lect us , lect a , lect um , *ayant été lu , ou*
(*qui a été lu.*

Participe futur.

Leg endus , leg enda , leg endum , *devant*
(*être lu , qui doit , ou qui devoit être lu.*

Supin.

Lect u , *à être lu.*

Ainsi se conjuguent *vincor*, je suis vaincu ; *scribor*, je suis écrit ; *cognoscor*, je suis connu, *etc.*

Quatrième Conjugaison passive.
AUDIRI.

INDICATIF. *Présent.*

Sing. Aud ior, *je suis écouté* ou *entendu.*
Aud iris *ou* aud ire , *tu es écouté.*
Aud itur , *il est écouté.*

Plur. Aud imur, *nous sommes écoutés* ou
(*entendus.*
Aud imin i , *vous êtes écoutés.*
Aud iuntur , *ils sont écoutés.*

Imparfait.

Sing. Aud iebar , *j'étois écouté* ou *entendu.*
Aud iebaris *ou* aud iebare, *tu étois*
(*écouté.*
Aud iebatur , *il étoit écouté.*

Plur. Aud iebamur, *nous étions écoutés.*

Aud iebamini, *vous étiez écoutés.*

Aud iebantur, *ils étoient écoutés.*

Parfait. (il se décline.)

Sing. Audit us sum *ou* fui, *j'ai été écouté*
(ou *entendu.*

Audit us es *ou* fuisti, *tu as été écouté.*

Audit us est *ou* fuit, *il a été écouté.*

Plur. Audit i sumus *ou* fuimus, *nous avons*
(*été écoutés.*

Audit i estis *ou* fuistis, *vous avez été*
(*écoutés.*

Audit i sunt *ou* fuerunt, *ils ont été*
(*écoutés.*

Autrement pour le françois : *Je fus écouté, tu fus écouté,
il fut écouté ; nous fûmes écoutés, vous fûtes écoutés, ils furent écoutés.*

Ou : *J'eus été écouté, tu eus été écouté, il eut été écouté ;
nous eûmes été écoutés, vous eûtes été écoutés, ils eurent été
écoutés.*

Plus-que-parfait. (il se décline.)

Sing. Audit us eram *ou* fueram, *j'avois été*
(*écouté.*

Audit us eras *ou* fueras, *tu avois été*
(*écouté.*

Audit us erat *ou* fuerat, *il avoit été*
(*écouté.*

Plur. Audit i eramus *ou* fueramus, *nous*
(*avions été écoutés.*

Audit i eratis *ou* fueratis, *vous aviez*
(*été écoutés.*

Audit i erant *ou* fuerant, *ils avoient*
(*été écoutés.*

Futur.

Sing. Aud iar , *je serai écouté.*
     Aud ieris *ou* audiere, *tu seras écouté.*
     Aud ietur , *il sera écouté.*
Plur. Aud iemur , *nous serons écoutés.*
     Aud iemini , *vous serez écoutés.*
     Aud ientur , *ils seront écoutés.*

Futur passé. (il se décline.)

Sing. Audit us ero *ou* fuero , *j'aurai été*
                    (écouté.
     Audit us eris *ou* fueris, *tu auras été*
                    (écouté.
     Audit us erit *ou* fuerit , *il aura été*
                    (écouté.
Plur. Audit i erimus *ou* fuerimus, *nous au-*
                  (rons été écoutés.
     Audit i eritis *ou* fueritis , *vous aurez*
                  (été écoutés.
     Audit i erunt *ou* fuerint, *ils auront été*
                  (écoutés.

IMPÉRATIF.

Point de première personne.

Sing. Aud ire *ou* aud itor , *sois écouté.*
     Aud itor (ille) , *qu'il soit écouté.*
Plur. Aud iamur , *soyons écoutés.*
     Aud imini , *soyez écoutés.*
     Aud iuntor , *qu'ils soient écoutés.*

SUBJONCTIF. *Présent.*

Sing. Aud iar , *que je sois écouté.*
     Aud iaris *ou* audiare, *que tu sois écouté.*
     Aud iatur , *qu'il soit écouté.*

Plur. Aud iamur , *que nous soyons écoutés.*
Aud iamini, *que vous soyez écoutés.*
Aud iantur , *qu'ils soient écoutés.*

Imparfait.

Sing. Aud irer , *que je fusse écouté.*
Aud ireris *ou* audirere, *que tu fusses*
(*écouté.*

Aud iretur , *qu'il fût écouté.*
Plur. Aud iremur, *que nous fussions écoutés.*
Aud iremini, *que vous fussiez écoutés.*
Aud irentur , *qu'ils fussent écoutés.*

Autrement pour le françois : *Je serois écouté , tu serois écouté , il seroit écouté ; nous serions écoutés , vous seriez écoutés , ils seroient écoutés.*

Parfait. (il se décline.)

Sing. Audit us sim *ou* fuerim, *que j'aie été*
(*écouté.*

Audit us sis *ou* fueris, *que tu aies été*
(*écouté.*

Audit us sit *ou* fuerit, *qu'il ait été*
(*écouté.*

Plur. Audit i simus *ou* fuerimus, *que nous*
(*ayons été écoutés.*

Audit i sitis *ou* fueritis, *que vous ayez*
(*été écoutés.*

Audit i sint *ou* fuerint, *qu'ils aient été*
(*écoutés.*

Plus-que-parfait. (il se décline.)

Sing. Audit us essem *ou* fuissem, *que j'eusse*
(*été écouté.*

Audit us esses *ou* fuisses, *que tu eusses*
(*été écouté.*

Aud itus esset *ou* fuisset, *qu'il eût été*
(*écouté.*

Plur. Aud iti essemus *ou* fuissemus, *que*
(*nous eussions été écoutés.*

Aud iti essetis *ou* fuissetis, *que vous*
(*eussiez été écoutés.*

Aud iti essent *ou* fuissent, *qu'ils*
(*eussent été écoutés.*

Autrement pour le françois : *J'aurois été écouté, tu aurois été écouté, il auroit été écouté ; nous aurions été écoutés, vous auriez été écoutés, ils auroient été écoutés.*

INFINITIF. *Présent* et *Imparfait.*

Aud iri, *être écouté.*

Parfait et *plus-que-parfait.* (il se décline.)

Audit um, audit am esse *ou* fuisse, *avoir été*
Futur. (*écouté.*

Audit um (*indécl.*) iri, aud iendum (*décl.*)
esse, *devoir être écouté, qu'il sera ou qu'il*
(*seroit écouté.*

Futur passé. (se décline.)

Aud iendum fuisse, *avoir dû être écouté,*
(*qu'il auroit, ou qu'il eût été écouté.*

Participe passé.

Audit us, audit a, audit um, *écouté, ayant*
(*été écouté, ou qui a été écouté.*

Participe futur.

Aud iendus, aud ienda, aud iendum, *devant*
(*être écouté, qui sera, ou qui seroit écouté.*

Supin.

Audit u, *à être écouté.*

Ainsi se conjuguent *aperior*, je suis ouvert ; *munior*, je suis fortifié ; *sepelior*, je suis enseveli ; *punior*, je suis puni, etc.

DE LA GRAMMAIRE LATINE.

TABLEAU GÉNÉRAL;

Dans lequel on a mis sous un même coup-d'œil les quatre Conjugaisons Passives.

	1	2	3	4
INDICATIF.				
Présent.	Am or, aris.	Mon cor, eris.	Leg or, eris.	Aud ior, iris.
Imparfait.	Am abar, abaris.	Mon ebar, ebaris.	Leg ebar, ebaris.	Aud iebar, iebaris.
Parfait.	Amat us sum *ou* fui.	Mon itus sum.	Lect us sum.	Audit us sum.
Plus-que-p.	Amat us eram *ou* fueram.	Monit us eram.	Lect us eram.	Audit us eram.
Futur.	Am abor, aberis.	Mon ebor, eberis.	Leg ar, eris.	Aud iar, ieris.
Futur passé.	Amat us ero *ou* fuero.	Monit us ero.	Lect us ero.	Audit us ero.
IMPÉRATIF.	Am are, ator.	Mon ere, etor.	Leg ere, itor.	Aud ire, itor.
SUBJONCTIF.				
Présent.	Am er eris.	Mon ear, earis.	Leg ar, aris.	Aud iar, iaris.
Imparfait.	Am arer, areris.	Mon erer, ereris.	Leg erer, ereris.	Aud irer, ireris.
Parfait.	Amat us sim *ou* fuerim.	Monit us sim.	Lect us sim.	Audit us sim.
Plus-que-p.	Amat us essem *ou* fuissem.	Monit us essem.	Lect us essem.	Audit us essem.
INFINITIF.	Am ari.	Mon eri.	Leg i.	Aud iri.

Remarques sur la formation des Temps.

1°. L'impératif passif est toujours semblable à l'infinitif actif.

2°. Les temps simples du passif se forment des mêmes temps de l'actif, en ajoutant *r* à ceux qui sont terminés en *o ; amo, amor ; amabo, amabor ;* et en changeant *m* en *r* aux temps de l'actif qui sont terminés en *m ; amabam, amabar ; amarem, amarer ; legam, legar ; audiam, audiar.*

REGLE DES VERBES PASSIFS.

Amor à Deo. — *De* ou *par* après un verbe passif s'exprime en latin par *à, ab,* et le nom suivant se met à l'ablatif.

Ex. Je suis aimé, j'étois aimé, je serai aimé de Dieu. *Amor, amabar, amabor à Deo.*

Vous étiez écouté, vous aviez été écouté par vos écoliers. *Audiebaris, auditus fueras à tuis discipulis.*

Il sera instruit, il aura été instruit par le maître. *Docebitur, doctus erit à magistro.*

Ce livre est lu par l'enfant. *Hic liber legitur à puero.*

VERBES DÉPONENS.

Les verbes déponens se conjuguent pour le latin comme les verbes passifs, et pour le françois comme les verbes actifs. Il y a des verbes déponens de chacune des quatre conjugaisons passives.

Verbe Déponent de la premiere Conjugaison.
Sur Amor.
INDICATIF *Présent.*

Sing. Imit or , *j'imite.*
     Imit aris , *ou* imit are , *tu imites.*
     Imit atur, *il imite.*
Plur. Imit amur , *nous imitons.*
     Imit amini, *vous imitez.*
     Imit antur, *ils imitent.*

Imparfait.

Sing. Imit abar., *j'imitois.*
     Imit abaris *ou* imit abare, *tu imitois.*
     Imit abatur, *il imitoit.*
Plur. Imit abamur, *nous imitions.*
     Imit abamini, *vous imitiez.*
     Imit abantur, *ils imitoient.*

Parfait. (Il se décl.)

Sing. Imitat us sum *ou* fui, *j'ai imité.*
     Imitat us es *ou* fuisti, *tu as imité.*
     Imitat us est *ou* fuit, *il a imité.*
Plur. Imitat isumus *ou* fuimus, *nous avons*
                           (*imité.*
     Imitat i estis *ou* fuistis, *vous avez imité.*
     Imitat i sunt *ou* fuerunt, *ils ont imité.*

Autrement pour le françois : *J'imitai, tu imitas, il imita;*
nous imitâmes, vous imitâtes, ils imitèrent.
   Ou   *J'eus imité, tu eus imité, il eut imité ; nous eûmes*
imité, vous eûtes imité, ils eurent imité.

Plus-que-parfait. (il se décline.)

Sing. Imitat us eram *ou* fueram , *j'avois*
                         (*imité.*
     Imitat us eras *ou* fueras, *tu avois imité.*

Imitat us erat *ou* fuerat, *il avoit imité.*

Plur. Imitat i eramus *ou* fueramus, *nous*
(avions imité.)

Imitat i eratis *ou* fueratis, *vous aviez*
(imité.)

Imitat i erant *ou* fuerant, *ils avoient*
(imité.)

Futur.

Sing. Imit abor, *j'imiterai.*

Imit aberis *ou* imit abere, *tu imiteras.*

Imit abitur, *il imitera.*

Plur. Imit abimur, *nous imiterons.*

Imit abimini, *vous imiterez.*

Imit abuntur, *ils imiteront.*

Futur passé. (il se décline.)

Sing. Imitat us ero *ou* fuero, *j'aurai imité.*

Imitat us eris *ou* fueris, *tu auras imité.*

Imitat us erit *ou* fuerit, *il aura imité.*

Plur. Imitat i erimus *ou* fuerimus, *nous*
(aurons imité.)

Imitat i eritis *ou* fueritis, *vous aurez*
(imité.)

Imitati erunt *ou* fuerint, *ils auront*
(imité.)

IMPÉRATIF.

Point de première personne.

Sing. Imit are *ou* imit ator, *imite.*

Imit ator (ille), *qu'il imite.*

Plur. Imit emur, *imitons.*

Imit amini, *imitez.*

Imit antor, *qu'ils imitent.*

SUBJONCTIF. *Présent.*

Sing. Imit er, *que j'imite.*

Imit eris *ou* imit ere, *que tu imites.*
Imit etur, *qu'il imite.*
Plur. Imit emur, *que nous imitions.*
Imit emini, *que vous imitiez.*
Imit entur, *qu'ils imitent.*

Imparfait.

Sing. Imit arer, *que j'imitasse.*
Imit areris *ou* imit arere, *que tu imitas-*
Imit aretur, *qu'il imitât.* (ses.
Plur. Imit aremur, *que nous imitassions.*
Imit aremini, *que vous imitassiez.*
Imit arentur, *qu'ils imitassent.*

Autrement pour le françois : *J'imiterois, tu imiterois, i imiteroit; nous imiterions, vous imiteriez, ils imiteroient.*

Parfait. (il se décline.)

Sing. Imitat us sim *ou* fuerim, *que j'aie imité.*
Imitat us sis *ou* fueris, *que tu aies imité.*
Imitat us sit *ou* fuerit, *qu'il ait imité.*
Plur. Imitat i simus *ou* fuerimus, *que nous (ayons imité.*
Imitat i sitis *ou* fueritis, *que vous ayez (imité.*
Imitat i sint *ou* fuerint, *qu'ils aient imité.*

Plus-que-parfait. (il se décline.)

Sing. Imitat us essem *ou* fuissem, *que j'eusse (imité.*
Imitat us esses *ou* fuisses, *que tu eusses (imité.*
Imitat us esset *ou* fuisset, *qu'il eût imité.*
Plur. Imitat i essemus *ou* fuissemus, *que nous (eussions imité.*
Imitat i essetis *ou* fuissetis, *que vous (eussiez imité.*

4

Imitat i essent *ou* fuissent, *qu'ils eussent*
(*imité.*

Autrement pour le françois: *J'aurois imité, tu aurois imité,*
il auroit imité; nous aurions imité, vous auriez imité, ils au-
roient imité.

INFINITIF. — *Présent* et *Imparfait.*
Imit ari, *imiter.*

Parfait et plus-que-parfait. (il se décline.)
Imitat um, imitatam esse *ou* fuisse, *avoir imité.*

Futur. (il se décline.)
Imitat urum , imitat uram esse, *devoir imiter,*
(*qu'il imitera* ou *qu'il imiteroit.*

Futur passé. (il se décline.)
Imitat urum, imitat uram fuisse, *avoir dû*
imiter , qu'il auroit ou *qu'il eût imité.*

Participe présent.
Imit ans, imit antis, *imitant, qui imite, qui*
(*imitoit.*

Participe passé actif.
Imitat us, imitat a, imitat um , *ayant imité,*
(*qui a* ou *qui avoit imité.*

Participe futur actif.
Imitat urus, imitat ura, imitat urum, *devant*
(*imiter, qui imitera* ou *qui imiteroit.*

Participe futur passif.
Imit andus, imit anda, imit andum , *qui*
(*doit être imité.*

Supins
Imitat um, *à imiter.*
Imitat u, *à être imité.*

Gérondifs.
Imit andi, *d'imiter*

Imit ando, *en imitant.*

Imit andum, *à imiter* ou *pour imiter.*

Ainsi se conjuguent *mirari, miror,* admirer; *hortari, hortor,* exhorter; *precari, precor,* prier; *venerari, veneror,* respecter.

Il suffira, pour les autres verbes déponens, d'indiquer la première personne dans chaque temps composé.

Verbe déponent de la seconde Conjugaison
Sur *MONEOR.*

INDICATIF. — *Présent.*

Sing. Pollic eor, *je promets.*

Pollic eris *ou* pollic ere, *tu promets.*

Pollic etur, *il promet.*

Plur. Pollic emur, *nous promettons.*

Pollic emini, *vous promettez.*

Pollic entur, *ils promettent.*

Imparfait.

Sing. Pollic ebar, *je promettois.*

Pollic ebaris *ou* pollic ebare, *tu pro.*

Pollic ebatur, *il promettoit.* (*mettois.*

Plur. Pollic ebamur, *nous promettions.*

Pollic ebamini, *vous promettiez.*

Pollic ebantur, *ils promettoient.*

Parfait.

Pollicit us sum *ou* fui, *j'ai promis,* etc.

Plus-que-parfait.

Pollicitus eram *ou* fueram, *j'avois pro.*

Futur. (*mis,* etc

Sing. Pollic ebor, *je promettrai.*

Pollic eberis *ou* pollicebere, *tu pro.*

Pollic ebitur, *il promettra.* (*mettras.*

Plur. Pollic ebimur, *nous promettrons.*

Pollic ebemini, *vous promettrez.*

Pollic ebuntur, *ils promettront.*

Futur passé.

Pollicit us ero *ou* fuero , *j'aurai promis ,* etc.

IMPERATIF.

Point de première personne.

Sing. Pollic ere *ou* pollic etor , *promets.*

.Pollic etor (ille) , *qu'il promette.*

Plur. Pollic eamur, *promettons.*

Pollic emini , *promettez.*

Pollic entor , *qu'ils promettent.*

SUBJONCTIF. — *Présent.*

Sing. Pollic ear , *que je promette.*

Pollic earis *ou* pollic eare , *que tu pro-*

Pollic eatur , *qu'il promette. (mettes.*

Plur. Pollic eamur , *que nous promettions.*

Pollic eamini, *que vous promettiez.*

Pollic eantur, *qu'ils promettent.*

Imparfait. (*mettrois.*

Sing. Pollic erer, *que je promisse* ou *je pro-*

Pollic ereris *ou* pollic erere, *que tu*

(*promisses.*

Pollic eretur, *qu'il promît.*

Plur. Pollic eremur, *que nous promissions.*

Pollic eremini, *que vous promissiez.*

Pollic erentur, *qu'ils promissent.*

Parfait. (*promis.*

Pollicit us sim *ou* fuerim , *que j'aie*

Plus-que-parfait.

Pollici tus essem *ou* fuissem, *que j'eus-*

(*se promis,* etc., ou *j'aurois promis.*

INFINITIF . — *Présent* et *Imparfait.*

Pollic eri , *promettre.*

Parfait et *plus-que-parfait*. (il se décline.)

Pollicit um, pollicit am esse *ou* fuisse, *avoir (promis.*

Futur. (il se décline.)

Pollicit urum , pollicitur am esse, *devoir (promettre , qu'il promettra* , etc.

Futur passé. (il se décline.)

Pollicit urum, pollicit uram fuisse, *avoir dû (promettre, qu'il auroit* ou *qu'il eût promis.*

Participe présent.

Pollic ens, pollic entis, *promettant, qui pro- (met*, ou *qui promettoit.*

Participe passé actif.

Pollicit us, pollicit a, pollicit um, *ayant pro- (mis, qui a promis, qui avoit promis.*

Participe futur actif.

Pollicit urus, pollicit ura, pollicit urum, *de- (vant promettre, qui promettra.*

Participe futur passif.

Pollic endus, pollic enda, pollic endum, *qui (doit être promis.*

Supins.

Pollicit um, *à promettre.*
Pollicit u , *à être promis.*

Gérondifs.

Pollic endi, *de promettre.*
Pollic endo, *en promettant.*   *(mettre.*
Pollic endum , *à promettre* ou *pour pro-*

Ainsi se conjuguent *misereri*, *misereor*, avoir pitié ; *vereri ,*
vereor, craindre ; *fateri*, *fateor*, avouer.

Verbe Déponent de la troisième Conjugaison.

Sur *LEGOR.*

INDICATIF. — *Présent.*

Sing. Ut or , *je me sers.*

Ut eris *ou* utere, *tu te sers.*

Ut itur, *il se sert.*

ur. Ut imur, *nous nous servons.*

Ut imini, *vous vous servez.*

Ut untur , *ils se servent.*

Imparfait.

Sing. Ut ebar, *je me servois.*

Ut ebaris *ou* ut ebare , *tu te servois.*

Ut ebatur, *il se servoit.*

Plur. Ut ebamur, *nous nous servions.*

Ut ebamini, *vous vous serviez.*

Ut ebantur, *ils se servoient.*

Parfait.

Us ussum *ou* fui, *je me suis servi,* etc.

Plus-que-parfait.

Us us eram *ou* fueram, *je m'étois servi,* etc.

Futur.

Sing. Ut ar, *je me servirai.*

Ut eris, *ou* ut ere, *tu te serviras.*

Ut etur , *il se servira.*

Plur. Ut emur , *nous nous servirons.*

Ut emini, *vous vous servirez.*

Ut entur , *ils se serviront.*

Futur passé.

Us us ero *ou* fuero, *je me serai servi,* etc.

IMPÉRATIF.

Point de première personne.

Sing. Ut ere *ou* ut itor, *sers-toi.*

Ut itor (ille), *qu'il se serve.*

Plur. Ut amur, *servons-nous.*

Ut imini, *servez-vous.*

Ut untor, *qu'ils se servent.*

SUBJONCTIF. — *Présent.*

Sing. Ut ar, *que je me serve.*

Ut aris *ou* ut are, *que tu te serves.*

Ut atur, *qu'il se serve.*

Plur. Ut amur, *que nous nous servions.*

Ut amini, *que vous vous serviez.*

Ut antur, *qu'ils se servent.*

Imparfait.

Sing. Ut erer, *que je me servisse,* ou *je me*
(*servirois.*

Ut ereris *ou* ut erere, *que tu te servisses.*

Ut eretur, *qu'il se servît.*

Plur. Ut eremur, *que nous nous servissions.*

Ut eremini, *que vous vous servissiez.*

Ut erentur, *qu'ils se servissent.*

Parfait.

Us us sim *ou* fuerim, *que je me sois servi,* etc.

Plus-que-parfait.

Us us essem *ou* fuissem, *que je me fusse*
(*servi, ou je me serois servi,* etc.

INFINITIF. — *Présent* et *Imparfait.*

Ut i, *se servir.*

Parfait et *Plus-que-parfait.* (il se décline.

Us um, us am esse *ou* fuisse, *s'être servi.*

Futur. (il se décline.)

Us urum, us uram esse, *devoir se servir,*
(*qu'il se servira* ou *qu'il se serviroit.*

Futur passé. (il se décline.)

Us urum , us uram fuisse, *avoir dû se servir,*
(*qu'il se fût servi* ou *qu'il se seroit servi.*)

Participe présent. (*se servoit.*

Ut ens , ut entis , *se servant, qui se sert , qui*

Participe passé actif.

Us us , us a, us um , *s'étant servi, qui s'est*
(*servi* ou *qui s'étoit servi.*

Participe futur actif.

Us urus , us ura , us urum, *devant se servir ,*
(*qui doit* ou *devoit se servir.*

Participe futur passif.

Ut endus , ut enda , ut endum , *dont on doit*
Supins.   (*se servir.*

Us um , *à se servir.*
Us u ,   *à être employé.*

Gérondifs.

Ut endi , *de se servir.*
Ut endo , *en se servant.*
Ut endum , *à,* ou *pour se servir.*

Ainsi se conjuguent *sequi, sequor,* suivre ; *loqui, loquor,*
parler ; *ulcisci, ulciscor,* venger; *nasci, nascor,* naître.

Verbe Déponent de la quatrieme Conjugaison.
Sur *AUDIOR.*

INDICATIF. — *Présent.*

Sing. Bland ior , *je flatte.*
Bland iris *ou* bland ire , *tu flattes.*
Bland itur , *il flatte.*
Plur. Bland imur, *nous flattons.*
Bland imini , *vous flattez.*
Bland iuntur , *ils flattent.*

Imparfait.

Sing. Bland iebar, *je flattois.*

Bland iebarisoublandiebare, *tu flattois.*

Bland iebatur, *il flattoit.*

Plur. Bland iebamur, *nous flattions.*

Bland iebamini, *vous flattiez.*

Bland iebantur, *ils flattoient.*

Parfait.

Blandit us sum *ou* fui, *j'ai flatté*, etc.

Plus-que-parfait.

Blandit us eram *ou* fueram, *j'avois*
Futur. (*flatté.*

Sing. Bland iar, *je flatterai.*

Bland ieris *ou* bland iere, *tu flatteras.*

Bland ietur, *il flattera.*

Plur. Bland iemur, *nous flatterons.*

Bland iemini, *vous flatterez.*

Bland ientur, *ils flatteront.*

Futur passé.

Blandit us ero *ou* fuero, *j'aurai flatté*, etc.

IMPERATIF.

Point de première personne.

Sing. Bland ire *ou* bland itor, *flatte.*

Bland itor (ille), *qu'il flatte.*

Plur. Bland iamur, *flattons.*

Bland imini, *flattez.*

Bland iuntor, *qu'ils flattent.*

SUBJONCTIF. — *Présent.*

Sing. Bland iar, *que je flatte.*

Bland iaris *ou* bland iare, *que tu flat-*

Bland iatur, *qu'il flatte.* (*tes.*

Plur. Bland iamur, *qué nous flattions.*

4*

Bland iamini , *que vous flattiez.*

Bland iantur , *qu'ils flattent.*

Imparfait.

Sing. Bland irer, *que je flattasse* ou *je flat-*
(terois.

Bland ireris *ou* bland irere , *que tu*
(flattasses.

Bland iretur , *qu'il flattât.*

Plur. Bland iremur, *que nous flattassions.*

Bland iremini , *que vous flattassiez.*

Bland irentur , *qu'ils flattassent.*

Parfait.

Blandit us sim *ou* fuerim, *que j'aie flatté*, etc.

Plus-que-parfait.

Blandit us essem *ou* fuissem , *que j'eusse*
(flatté, *ou j'aurois flatté*, etc.

INFINITIF. — *Présent* et *Imparfait.*

Bland iri , *flatter.*

Parfait et *plus-que-parfait.* (se décline.)

Blandit um , blandit am esse , *avoir flatté.*

Futur. (il se décline.)

Blandit urum, blandit uram esse, *devoir flat-*
(ter, *qu'il flattera* ou *flatteroit.*

Futur passé. (se décline.)

Blandit urum , blandit uram fuisse, *avoir dû*
(flatter, *qu'il eût* ou *qu'il auroit flatté.*

Participe présent.

Bland iens, bland ientis , *flattant, qui flatte*
(ou *qui flattoit.*

Participe futur actif.

Blandit urus, blandit ura, blandit urum, *de-*
vant flatter, qui flattera ou *qui flatteroit.*

Supins.

Blandit um , *à flatter.*

Blandit u , *à être flatté.*

Gérondifs.

Bland iendi, *de flatter.*

Bland iendo , *en flattant.*

Bland iendum , *à flatter* ou *pour flatter.*

. Ainsi se conjuguent *largiri, largior,* donner ; *experiri, experior,* éprouver ; *metiri, metior,* mesurer ; *partiri, partior,* partager.

REMARQUE. Dans les verbes déponens la seconde personne de l'impératif est toujours semblable à la seconde personne du présent de l'indicatif en *re.*

Ajoutez *r* à la seconde personne de l'impératif, vous aurez l'imparfait du subjonctif ; *imitare , imitarer ; pollicere, pollicerer ; utere , uterer ; blandire, blandirer.*

REGLE DES VERBES DÉPONENS.

I. *Imitor patrem meum.*—Il y a des verbes déponens qui gouvernent l'accusatif.

Exemples. J'imite mon pere , *imitor patrem meum ;* vous avez promis une récompense, *pollicitus es mercedem.*

II. *Miserere pauperis.*—Il y a des verbes déponens qui gouvernent le génitif.

Ayez pitié du pauvre, *miserere pauperis.*

III. *Blanditur nutrici.*—Il y a des verbes déponens qui gouvernent le datif.

Il caresse *ou* il flatte la nourrice, *blanditur nutrici.*

IV. *Utor lacte.* —- Il y a des verbes déponens qui gouvernent l'ablatif.

Je fais usage de lait, *utor lacte.*

(Le dictionnaire indique à chaque verbe déponent le cas qu'il régit.)

VERBES NEUTRES.

Les verbes neutres se conjuguent comme les verbes actifs, mais ils n'ont point de passif : comme *noceo*, je nuis à ; *studeo*, j'étudie ; *faveo*, je favorise.

La plupart des verbes neutres gouvernent le datif. Ex. Il nuit aux autres, *nocet aliis ;* j'étudie la grammaire, *studeo grammaticæ;* vous favorisez la noblesse, *faves nobilitati.*

CINQUIEME ESPECE DE MOTS.

PARTICIPES, *Gérondifs et Supins.*

I. Les *participes* sont des adjectifs qui viennent des verbes; ils s'accordent en genre, en nombre et en cas avec le nom auquel ils sont joints, et de plus ils gouvernent le même cas que le verbe d'où ils viennent; c'est pour cela qu'on les nomme *participes*, parce qu'ils tiennent de l'adjectif et du verbe.

Exemples. L'enfant écoutant, devant écouter son maître, *puer audiens, auditurus magistrum suum.*

Un père étant aimé, devant être aimé de son fils, *pater amatus, amandus à filio suo.*

II. *Tempus legendi.* — *De* entre un nom et un infinitif françois veut le verbe latin au gérondif en *di*. Exemple. Le temps *de* lire, *tempus legendi.*

III. *Ambulat legendo.* — *En* avec le participe présent veut le verbe latin au gérondif en *do*. Exemple. Il se promène *en* lisant, *ambulat legendo.*

IV. *Legit ad discendum*. — *Pour* devant un infinitif françois se rend en latin par *ad* avec le gérondif en *dum*. Ex. Il lit *pour* apprendre, *legit ad discendum*.

V. *Res jucunda auditu*. — Après les adjectifs agréable *à*, admirable *à*, facile *à*, l'infinitif françois se rend en latin par le supin en *u*. Ex. Chose agréable *à* entendre, c'est-à-dire, *à* être entendue, *res jucunda auditu*.

VI. *Eo lusum*. — Quand il y a en françois deux verbes de suite, et que le premier marque du mouvement, comme *aller*, *venir*, on met en latin le second au supin en *um*. Exemple. Je vais jouer, *eo lusum*.

Les gérondifs et les supins gouvernent le même cas que les verbes d'où ils viennent : le temps d'étudier la grammaire, *tempus studendi grammaticæ*. (Le verbe *studere* gouverne le datif.)

J'irai les secourir, *ibo adjutum eos*.

SIXIEME ESPECE DE MOTS.

ADVERBES.

L'*adverbe* est un mot indéclinable qui se joint le plus souvent à un verbe, et en détermine la signification.

Il y a différentes sortes d'adverbes.

POUR MARQUER LE TEMPS.
Hodiè, *aujourd'hui*.
Cras, *demain*.
Heri, *hier*.
Pridiè, *le jour de devant*.
Postridiè, *le lendemain*.
Perindiè, *après-demain*.

POUR INTERROGER.
Cur, Quarè, Quamobrem, Quid ità, *pourquoi ?*

Quorsùm, *à quoi bon cela ?*
Àn, An ne, Nùm, *est-ce que ?*

POUR ASSURER.
Etiam, Ita, *oui*.
Certè, Sanè, Profectò, Quidem, *assurément*. (Quidem ne se met qu'après un mot,
Equidem certes. (Il ne s'emploie que pour *Ego quidem*.

POUR NIER.

Non, Haud, *non,ne, ne point.*
Minimè, *point du tout.* (lement.
Nequaquàm, Neutiquàm, *nul-*

POUR MARQUER LE DOUTE.

Forsan, Forsitan, Fortassè, *peut-être.*
Fortè, *par hasard.*

POUR MARQUER LA RESSEM-
BLANCE.

Ità, *ainsi.*
Quasi, *comme si.*
Quemadmodùm, *de même que.*
Sic, Sicut, Sicuti, Velut, Veluti, Ut, Utì, *comme, de même que.*
Tanquàm, *comme si, de même que si.*

POUR MARQUER L'UNION.

Simùl, Unà, *ensemble.*
Pariter, *pareillement.*
Conjunctim, *conjointement.*

Universim, *généralement.*

POUR MARQUER LA DIVISION.

Alioqui, (devant une consonne) Alioquin, (devant une voyelle) *autrement, si cela n'étoit pas.*
Privatim, Seorsim, *en particulier, à part.*

POUR MONTRER.

En, Ecce, *voici, voilà.*

POUR EXHORTER.

Eia, Euge, *courage.*
Age, Agedùm, (au singulier), Agite, Agitedùm, (au plur.) *hé bien, ferme, courage.*

POUR MARQUER LE DESIR.

Utinàm, *plaise à Dieu que, Dieu veuille que.*

POUR MARQUER LA MANIÈRE.

Doctè, *savamment.*
Pulchrè, *bien.*
Fortiter, *vaillamment*, etc.

Plusieurs adverbes ont un comparatif et un superlatif, comme.

Positif	Comparatif	Superlatif
Doctè, *doctement.*	Doctiùs, *plus doctement.*	Doctissimè, *très-doctement.*
Citò, *vite.*	Citiùs, *plus vite.*	Citissimè, *très-vite.*
Benè, *bien.*	Meliùs, *mieux.*	Optimè, *très-bien.*
Malè, *mal.*	Pejus, *plus mal,*	Pessimè, *très-mal.*
Sæpè, *Souvent.*	Sæpiùs, *plus souvent.*	Sæpissimè, *très-souvent,* etc.
Propè, *proche.*	Propiùs, *plus proche.*	Proximè, *très-proche,*
Nuper, *récemment.*	} *sans Comparatif.*	{ Nuperrimè, *tout récemment.*
Sans Positif,	} Potiùs, *plutôt*	Potissimè, *principalement.*

RÉGIME DE PLUSIEURS AD-
VERBES.

Les adverbes de quantité veulent le génitif.
Peu de vin, *parùm vini.*
Un peu de délai, *paululùm moræ.*
Beaucoup d'eau, *multùm aquæ.*

Assez de paroles, *satis verborum.*
Trop de piéges, *nimis insidiarum.*
Assez d'autres, *affatim aliorum.*
Les adverbes de temps et de lieu veulent le génitif.
Nulle part, en aucun lieu du

monde, *nusquàm gentium.*
En quel lieu du monde ? *ubi terrarum, ubinam gentium?*
Pridiè, postridiè, veulent le génitif ou l'accusatif.
Le jour dè devant les Calendes, *pridiè Calendarum,* ou *Calendas,* (sous-ent. *antè.*)
Le jour d'après les Ides, *postridiè Iduum,* ou *Idus,* (sous-ent. *post.*)
En, ecce, voici, voilà, veulent le nominatif ou l'accusatif.
Voici, voilà le loup : *en, ecce lupus,* ou *lupum :* avec le

nominatif on sous-entend *adest ;* avec l'accusatif on sous-entend *aspice.*
Ergò employé pour *causâ,* veut le génitif, et se met après son régime : à cause de lui, *illius ergò.*
Instar, comme, veut de même le génitif, et se met après son régime : comme une montagne, *montis instar.*
Obviàm, au devant, veut le datif : aller au devant de quelqu'un, *ire obviàm alicui.*

SEPTIEME ESPECE DE MOTS.

PRÉPOSITIONS.—La *préposition* est un mot indéclinable qui, joint à un nom ou à un pronom, veut ce nom ou ce pronom à l'accusatif ou à l'ablatif.

Il y a trente prépositions qui gouvernent l'accusatif; savoir :

Ad, *auprès, chez, pour.*
Adversùm, adversùs, *contre, vis-à-vis.*
Antè, *devant, avant.*
Apud, *auprès, chez.*
Circà, *auprès, environ.*
Circiter, *environ, à-peu-près.*
Circùm, *autour, à l'entour.*
Cis, citrà, *deçà, en deçà.*
Contrà, *contre, vis-à-vis, à l'opposite.*
Ergà, *envers, à l'égard de.*
Extrà, *hors, outre, excepté*
Infrà, *sous, au-dessous*
Inter, *entre, parmi.*
Intrà, *dans, au-dedans, dans l'espace de.*
Juxtà, *auprès, proche.*

Ob, *pour, devant, à cause de.*
Propè, *proche, près de, auprès.*
Penès, *en la puissance de.*
Per, *par, durant, au travers de, pendant.*
Ponè, *après, derriere, par derriere.*
Post, *après, depuis.*
Præter, *excepté, hormis, outre.*
Propter, *pour, à cause de.*
Secundùm, *selon, suivant, auprès de, le long de.*
Secùs, *auprès, le long de.*
Suprà, *sur, au-dessus de.*
Trans, *au-delà, par-delà.*
Versùs, *vers, du côté de.*
Ultrà, *au-delà, par-delà*
Usquè, *jusqu'à.*

Il y a douze prépositions qui gouvernent l'ablatif, savoir :

A, ab, abs, *de, du, des, depuis, par.*
Absque, *sine, sans.*
Clàm, *à l'insu de.*
Coram, *devant, en présence de.*
Cum, *avec.*
De, *de, sur ou touchant.*

E, ex, *de, par.*
Palàm, *devant, en présence de.*
Præ, *devant, en comparaison de, au-dessus de.*
Pro, *pour, au lieu de, selon, devant.*
Tenùs, *jusqu'à.*

Les quatre prépositions suivantes veulent l'accusatif quand elles sont jointes à un verbe de mouvement, et elles gouvernent l'ablatif quand elles sont jointes à un verbe de repos.

In, *en, dans, sur.*
Subter, *sous, au-dessous de.*

Sub, *sous, au-dessous de.*
Super, *sur, au-dessus de.*

OBSERVATION. Trois prépositions se mettent après leur régime, savoir :

1°. Cum, *avec*, se met après les pronoms *ego, tu, sui, nos, vos*, et *qui, quæ, quod.* Ainsi on dit mecum, *avec moi*, tecum, *avec vous*, secum, quocum.

2°. Tenùs, *jusqu'à*, veut l'ablatif lorsque son régime est singulier : capulo tenùs, *jusqu'à la garde* ; mais il veut le génitif, quand son régime est pluriel : aurium tenùs, *jusqu'aux oreilles.*

3°. Versùs, *vers*, Orientem versùs, *vers l'Orient* ; on sous-entend *ad.*

HUITIEME ESPECE DE MOTS.
CONJONCTIONS.

La conjonction est un mot indéclinable, qui sert à lier les parties du discours.

Il y a différentes sortes de conjonctions.

1°. POUR JOINDRE.
Et, que quoque, etiam, atque, ac, *et, aussi.* (*Que* ne se met qu'après un mot.)
Præterèà, *outre cela.*
Cùm, tùm, *non-seulement, mais encore.*

2°. POUR SÉPARER.
Aut, vel, ve, *ou, ou bien.* (*Ve* ne se met qu'après un mot.)
Sive, *soit que*, sicut, *comme.*
Nec, neque, ne, *ni, non plus.*

3°. POUR CONCLURE.

Ergò, igitur, *donc.*
Ideò, idcircò, itaque, *c'est pourquoi, c'est pour cela que.*

4°. POUR FAIRE DISTRIBUTION *ou* OPPOSITION.

Sed, sed enim, at, atqui, porrò, autem, verò, *mais.* (*Autem* et *verò* ne se mettent qu'après un mot.)

Etsi, etiamsi, licèt, quanquam, quamvis, tametsi; *bien que, quoique.*

Cùm, ut, *quoique, quand même.*

Imò, imò verò, quin, quin etiam, quin potiùs; *mais, au contraire, qui plus est.*

5°. POUR RENDRE RAISON.

Nam, namque, enim, etenim, car. (*Enim* ne se met qu'après un mot.)
Quòd, quia, propereà quòd, quoniam, *parce que, puisque.*
Cùm, *lorsque, puisque.*
Ut, *afin que.*
Ne, *de peur que.*
Ità ut, sic ut, *de sorte que, tellement que.*

6°. CONDITIONNELLES.

Dùm, dummodò, *pourvu que.*
Modò ne, *pourvu que ne.*
Si, si modò, si, sìn, *sinon.*
Sin minùs, sin aliter; *sinon, si cela n'étoit pas.*
Nisi, *sinon que, si ce n'est que, à moins que.*

7°. POUR MARQUER LE DOUTE.

An, nùm, utrùm, ne, si. (*Ne* se met après un mot.)

REGLE DES CONJONCTIONS.

Quelques conjonctions gouvernent le subjonctif, d'autres gouvernent l'indicatif : le régime de chacune est indiqué dans le Dictionnaire. *Voyez* Conjonctions françoises, *ci-après, page* 157.

NEUVIEME ESPECE DE MOTS.

INTERJECTIONS.

L'interjection est un mot indéclinable qui sert à marquer les différens mouvemens de l'ame.

Pour marquer la joie. . . . . . .O ! evax ! ho ! ha !
Pour la douleur. . . . . . . Hei ! heu ! ah ! hélas ! ah, ah !
Pour l'indignation . . . . . . Proh ! heu ! ô ! oh ! ah !
Pour l'admiration . . . . . . Papæ ! hui ! ô ! ah ! oh ! ho !
Pour menacer. . . . . Hei ! væ ! malheur à !

L'usage apprendra les autres.

SUPPLÉMENT AUX DÉCLINAISONS.

PREMIERE DÉCLINAISON.

1°. Il y a huit noms de la premiere déclinaison, qui ont le datif et l'ablatif pluriels
en *abus*, comme :

PLUR.			
Nom.		Famul æ,	*les Servantes.*
Gén.		Famul arum,	*des Servantes.*
Dat.		Famul abus,	*aux Servantes.*
Acc.		Famul as,	*les Servantes.*
Voc.	ô	Famul æ,	*ô Servantes.*
Abl.		Famul abus,	*des Servantes.*

Déclinez de même *anima, equa, filia, asina, mula, nata,*
dea : par cette terminaison en *abus* l'on distingue ces noms
féminins des masculins qui y répondent, *famulus, animus,*
equus, filius, asinus, mulus, natus, Deus.

2°. Il y a des noms de la premiere déclinaison dont le nominatif est en *e*, qui font
au génitif *es*, à l'accusatif *en*, comme :

SING.			
Nom.		Music e,	*la Musique.*
Gén.		Music es,	*de la Musique.*
Dat.		Music æ,	*à la Musique.*
Acc.		Music en,	*la Musique.*
Voc.	ô	Music e,	*ô Musique.*
Abl.		Music e,	*de la Musique.*

Déclinez de même *grammatice, ces,* la grammaire;
epitome, es, abrégé ; *Cybele, es,* Cybele, déesse des
Païens ; *rhetorice, ces,* la rhétorique.

3°. Il y a des noms dont le nominatif est
en *es*, qui font au génitif *æ*, à l'accusatif *en*,
comme:

SING.			
Nom.		Comet es,	*la Comète.*
Gén.		Comet æ,	*de la Comète.*
Dat.		Comet æ,	*à la Comète.*
Acc.		Comet en,	*la Comète.*
Voc.	ô	Comet e,	*ô Comète.*
Abl.		Comet e,	*de la Comète.*

4°. Il y a des noms dont le nominatif est en *as*, qui font à l'accusatif *an*, comme :

SING.			
Nom.	AEne as,	*Enée.* (Nom d'hom.)
Gén.	AEne æ,	*d'Enée.*
Dat.	AEne æ ,	*à Enée.*
Acc.	AEne an ,	*Enée.*
Voc.	ô AEne a ,	*ô Enée.*
Abl.	AEne â,	*d'Enée.*

Le pluriel de tous ces noms se décline comme *rosæ ; rosarum ;* mais les noms propres n'ont point de pluriel.

REMARQUE. Le nom *familia* fait aussi au génitif *familiâs ;* un père de famille, *pater-familiâs ;* un fils de famille, *filius-familiâs.* Il serait plus rationnel de voir un accusatif dans *familiâs* en sous-entendant *habent.*

SECONDE DECLINAISON.

Il y a des noms de la seconde déclinaison qui ont le vocatif en *i*, comme :

SING.			
Nom.	Fili us,	*le fils.*	
Gén.	Fil ii,	*du fils.* (Le pl. comme *Domini,*
Dat.	Fil io,	*au fils.* (*Dominorum*
Acc.	Fil ium,	*le fils.*
Voc.	ô Fil i,	*ô fils.*
Abl.	Fil io,	*du fils.*

Déclinez de même *Genius*, et les noms propres en *ius*, Antonius, nii, *Antoine ;* Horatius, tii, *Horace ;* Pompeius, peii, *Pompéa ;* Virgilius, lii, *Virgile.*

Les Noms *Deus, Agnus* et *Chorus*, ont le vocatif semblable au nominatif.

SING.			
Nom.	De us,	*Dieu.*
Gén.	De i,	*de Dieu.*
Dat.	De o,	*à Dieu.*
Acc.	De um,	*Dieu.*
Voc.	ô De us,	*ô Dieu.*
Abl.	De o,	*de Dieu.*

LE PLURIEL (*chez les Païens.*)

Nom.	Di i ou di,	*les Dieux.*
Gén.	De orum ,	*des Dieux.*
Dat.	Di is,	*aux Dieux.*
Acc.	De os,	*les Dieux.*
Voc.	ô Di i,	*ô Dieux.*
Abl.	Di is,	*des Dieux.*

Nom de la seconde Déclinaison, tiré du grec.

SING.		
Nom.	Orph eus,	*Orphée.* (nom d'homme.)
Gén.	Orph ei, *ou* Orph eos, *d'Orphée.*

Dat.	Orph eo,		à *Orphée.*
Acc.	Orph eum,	Orph eon, Orphea,	*Orphée.*
Voc.	ô Orph eu,		ô *Orphée.*
Abl.	Orph eo,		d'*Orphée.*

Déclinez de même *Perseus*, Persée; *Theseus*, Thésée; *Morpheus*, Morphée.

TROISIÈME DÉCLINAISON.

Il y a des noms de la troisième déclinaison qui ont l'accusatif singulier en *im*, comme

SING. *Nom.*		Secur is,	*la hache.*
Gén.		Secur is,	*de la hache.*
Dat.		Secur i,	*à la hache.*
Acc.		Secur im,	*la hache.*
Voc.	ô	Secur is,	ô *hache.*
Abl.		Secur i,	*de la hache.*

Déclinez de même *sitis*, la soif; *tussis*, la toux; *pelvis*, un bassin; *vis*, vis, la force : les noms de fleuves en *is*, comme *Tiberis*, le Tibre; *Tigris*, le Tigre; *Araris*, la Saône.

Les noms *clavis*, *sementis*, ont l'accusatif en *em* ou *im*. *Puppis, aqualis, restis, febris, turris*, font plutôt à l'accusatif *puppim* que *puppem*, etc. Au contraire, *navis, strigilis*, font plutôt *navem* que *navim*, etc.

L'ablatif singulier de la troisième déclinaison se forme de l'accusatif en retranchant *m*. Ainsi il y a des noms de la troisième déclinaison qui font l'ablatif singulier en *i*, comme *securi*, *siti*, etc.

De plus, les noms neutres dont le nominatif est en *e*, ou en *al* et en *ar*, font l'ablatif singulier en *i*, comme :

SING. *Nom.*	n.	Cubil e,	*le lit.*
Gén.		Cubil is,	*du lit.*
Dat.		Cubil i,	*au lit.*
Acc.		Cubil e,	*le lit.*
Voc.	ô	Cubil e,	ô *lit.*
Abl.		Cubil i,	*du lit.*

Les noms neutres qui ont l'ablatif en *i* ont le pluriel en *ia*, comme :

PLUR. Nom.	Cubil ia,	*les lits.*
Gén.	Cubil ium,	*des lits.*
Dat.	Cubil ibus,	*aux lits.*
Acc.	Cubil ia,	*les lits.*
Voc.	ô Cubil ia,	*ô lits.*
Abl.	Cubil ibus,	*des lits.*

Il y a des noms de la troisieme déclinaison qui ont le génitif pluriel en *ium*, savoir :

1°. Les noms qui ont l'ablatif singulier en *i*, comme *cubilium, securium*, etc.

2°. Les noms en *es* et en *is* qui n'ont pas plus de syllabes au génitif qu'au nominatif, comme *clades, cladis, mensis, mensis*, etc. ont le génitif pluriel en *ium*, quoiqu'ils aient l'ablatif en *e*.

3°. Les monosyllabes, c'est-à-dire, ceux qui n'ont qu'une seule syllabe au nominatif, comme *ars, lis, dos, nox*, etc., ont la plupart le génitif pluriel en *ium*.

L'usage apprendra les exceptions.

Les noms neutres terminés en *ma* ont un double datif et ablatif pluriels.

SING. Nom.	Poem a,	*le poème.*
Gén.	Poem atis,	*du poème.*
Dat.	Poem ati,	*au poème.*
Acc.	Poem a,	*le poème.*
Voc.	ô Poem a,	*ô poème.*
Abl.	Poem ate,	*du poème.*
PLUR. Nom.	Poem ata,	*les poèmes.*
Gén.	Poem atum,	*des poèmes.*
Dat.	Poem atis *ou* Poem atibus,	*aux poèmes.*
Acc.	Poem ata	*les poèmes.*
Voc.	ô Poem ata,	*ô poèmes.*
Abl.	Poem atis *ou* Poem atibus,	*des poèmes.*

Déclinez ainsi *œnigma, matis*, énigme ; *diadema, matis*, diadême ; *dogma, matis*, dogme ; *stratagema, matis*, stratagème.

Le nom *bos, bovis,* fait au pluriel : nom, *boves,* gén. *boum ;* dat. *bobus ,* acc. *boves.* voc. ô *boves,* abl. *bobus.*

Noms de la troisieme déclinaison , tirés du grec ; en esis, isis.

SING.	*Nom.*	Hæres is,	*l'Hérésie.*
	Gén.	Hæres is, *ou* Hæres eos,	*de l'Hérésie.*
	Dat.	Hæres i,	*à l'Hérésie.*
	Acc.	Hæres im *ou* Hæres in ,	*l'Hérésie.*
	Voc.	ô Hæres is,	*ô Hérésie.*
	Abl.	Hæres i,	*de l'Hérésie.*
PLUR.	*Nom.*	Hæres es,	*les Hérésies.*
	Gén.	Hæres eon,	*des Hérésies.*
	Dat.	Hæres ibus,	*aux Hérésies.*
	Acc.	Hæres es,	*les Hérésies.*
	Voc.	ô Hæres es,	*ô Hérésies.*
	Abl.	Hæres ibus,	*des Hérésies.*

Ainsi se déclinent *poesis,* la poésie ; *thesis,* la thèse ; *genesis,* la genèse ; *phrasis,* la phrase.

AUTRE NOM.

SING.	*Nom.*	Her os,	*le Héros.*
	Gen.	Her ois,	*du Héros.*
	Dat.	Her oi,	*au Héros.*
	Acc.	Her oem *ou* Her oa ,	*le Héros.*
	Voc.	ô Her os,	*ô Héros.*
	Abl.	Her oe,	*du Héros.*
PLUR.	*Nom.*	Her oes,	*les Héros.*
	Gén.	Her oum,	*des Héros.*
	Dat.	Her oibus,	*aux Héros.*
	Acc.	Her oes *ou* Her oas,	*les Héros.*
	Voc.	ô Her oes,	*ô Héros.*
	Abl.	Her oibus,	*des Héros.*

Ainsi se déclinent les noms grecs, 1°. en *as,* comme *Pallas, Palladis,* acc. *adem* ou *ada ; Arcas, Arcadis,* acc. *adem* ou *ada.*2°. En *er,* aër, *aëris,* l'air, acc. *aërem* ou *aëra;* œther, œtheris, acc. œtherem ou œthera ; *crater crateris,* coupe. 3°. En *is, idis,* comme *Iris, Iridis,* arc-en-ciel, acc. *Iridem* ou *Irida;* on dit aussi *Irim ; Phyllis, lidis,* nom de femme, acc. *Philidem* ou *ida.* Mais les noms masculins en *is , idis,* font mieux *im,* ou *in,* comme *Daphnis,* acc. *Daphnim* ou *Daphnin; Paris,* acc. *Parim* ou *Parin. Tigris , tigridis ,* le tigre, fait à l'accusatif *tigrin, tigrim* ou *tigridem.* 4°. En *yx, ygis : Phryx, Phrygis,* Phrygien, acc. *Phrygem* ou *Phryga.* 5°. Les noms de pays, *o, onis,* comme *Macedo , Macedonis,* Macédonien , acc. *Macedonem* ou *Macedonu.*

REMARQUE. Les accusatifs singuliers en *a* ne se disent guère qu'en poésie; mais les accusatifs pluriels en *as* sont plus usités par-tout.

QUATRIEME DÉCLINAISON.

Jésus, nom de Notre Sauveur, fait à l'accusatif *Jesum*, et à tous les autres cas il fait *Jesu*.

Les neuf noms suivans font *ubus* au datif et à l'ablatif pluriels: *arcus*, un arc, *arcubus*; *artus*, les membres du corps, *artubus*; *lacus*, un lac, *lacubus*; *tribus*, une tribu, *tribubus*; *portus*, un port, *portubus*; *quercus*, un chêne, *quercubus*; *specus*, une caverne, *specubus*; *partus*, l'enfantement, *partubus*; *veru*, une broche, *verubus*.

NOM IRRÉGULIER.

SING.	Nom.	Dom us,	la Maison.
	Gén.	Dom ûs *et* Dom i,	de la Maison.
	Dat.	Dom ui *et* Dom o,	à la Maison.
	Acc.	Dom um,	la Maison.
	Voc.	ô Dom us,	ô Maison.
	Abl.	Dom o,	de la Maison.
PLUR.	Nom.	Dom us,	les Maisons.
	Gén.	Dom orum *et* Dom uum,	des Maisons.
	Dat.	Dom ibus,	aux Maisons.
	Acc.	Dom os *et* Dom us,	les Maisons.
	Voc.	ô Dom us,	ô Maisons.
	Abl.	Dom ibus,	des Maisons.

L'usage apprendra les autres exceptions.

REMARQUE *sur les Noms composés.*

Si le nom est composé de deux nominatifs, chaque nom se décline dans tous les cas. Ex. Respublica, *la République*, G. Reipublicæ, D. Reipublicæ, Acc. Rempublicam, Abl. Republicâ. *De même* jusjurandum; jurisjurandi, jurejurando.

Mais si le nom est composé d'un nominatif et d'un autre cas, on ne décline que celui qui est au nominatif. Ex. Pater-familiâs, G. patris-familiâs, D. patri-familiâs.

NOMS DE NOMBRE.

Les noms de nombre servent à compter ou à ranger les choses.

Il y a deux sortes de noms de nombre : le *Nombre Cardinal* marque simplement le nombre, comme *unus, duo, tres*, un, deux, trois ; le *Nombre Ordinal* marque l'ordre et le rang de chaque chose, comme *primus, secundus, tertius*, le premier, le second, le troisième.

Nombres Cardinaux.

SING. *Nom.* Unus, una, unum, *Un, une, un.*
Gén. Unius, } de tout genre.
Dat. Uni,
Acc. Unum, unam, unum.
Abl. Uno, unâ, uno.

REMARQUE. Ainsi se déclinent :

1°. Ullus, ulla, ullum, *aucun, aucune*, sans négation. G. ullius, D. ulli, *Acc.* ullum, ullam, ullum, *Abl.* ullo, ullâ, ullo.

2°. Nullus, nulla, nullum, *aucun., aucune, pas un*, G. nullius, etc.

3°. Solus, sola, solum, *seul, seule*, G. solius, D. soli, *Acc.* solum, solam, solum, *Abl.* solo, solâ, solo.

4°. Totus, tota, totum, *tout, toute*, G. totius, D. toti, etc.

5°. Alius, alia, aliud, *autre*, G. alius, D. alii.

6°. Alter, altera, alterum, *autre*, G. alterius, D. alteri.

7°. Uter, utra, utrum, *lequel des deux*, G. utrius, D. utri. Neuter, neutra, neutrum, *ni l'un ni l'autre*, G. neutrius, D. neutri.

Uterque, utraque, utrumque, *l'un et l'autre*, G. utrius-que, D. utrique.

Alteruter, alterutra, alterutrum, *l'un ou l'autre*, G. alterutrius, D. alterutri.

PLUR. *Nom.* Duo, duæ, duo,   deux.
Gén. Duorum, duarum, duorum, *de deux.*
Dat. Duobus, duabus, duobus,   *à deux.*
Acc. Duos ou duo, duas, duo,   deux.
Abl. Duobus, duabus, duobus,   *de deux.*

Ainsi se décline *ambo, ambæ, ambo*, les deux, tous deux.

PLUR. Nom.	Tres, tres, tria,	trois.
Gén.	Trium,	
Dat.	Tribus,	de tout genre.
Acc.	Tres, tres, tria,	trois.
Abl.	Tribus,	de tout genre.

Les autres noms de nombre jusqu'à cent*
sont indéclinables : *quatuor*, quatre; *quin-*
que, cinq; *sex*, six; *septem*, sept; *octo*,
huit; *novem*, neuf.

* Au dessous de *cent*, quand il y a deux mots pour exprimer un nombre, le moindre nombre se met le premier;
ainsi l'on dit *unus et viginti, duo et viginti, tres et viginti*, etc.

SUPPLEMENT AUX ADJECTIFS.

On distingue dans les adjectifs et les adverbes trois degrés de signification, le *positif*,
le *comparatif* et le *superlatif*. Le positif n'est
autre chose que l'adjectif ou l'adverbe simple, comme saint, saintement, *sanctus*,
sanctè.

Le comparatif est la signification de l'adjectif ou de l'adverbe dans un plus haut
degré, comme *plus* saint, *plus* saintement,
sanctior, sanctiùs. On connoît le comparatif, quand il y a *plus* devant un adjectif
ou un adverbe.

Le superlatif est la signification de l'adjectif ou de l'adverbe dans le plus haut degré,
comme *le plus* saint, *le plus* saintement,
sanctissimus, sanctissimè.

On connoît le superlatif quand devant un
adjectif ou un adverbe il y a *le plus, la plus,*
bien, très, fort, etc. C'est encore un superlat. quand devant *plus* il y a *mon, ton, son,*
notre, votre; comme *mon plus* fidèle ami.

5

Le comparatif latin se forme du cas de l'adjectif terminé en *i*, auquel on ajoute *or* pour le masculin et le féminin, et *us* pour le neutre et pour le comparatif adverbe : ainsi du génitif *sancti*, on formera *sanctior*, masculin et féminin, *sanctius*, neutre ; du datif *forti*, on formera *fortior*, masc. et fém., *fortius*, neutre ; *sanctior* se décline sur *soror*, et *sanctius* comme *corpus*.

Le superlatif latin se forme aussi du cas de l'adjectif terminé en *i*, auquel on ajoute *ssimus*, *ssima*, *ssimum*, et pour le superlat. adverbe, on ajoute *ssimè* : ainsi du génitif *sancti*, on formera *sanctissimus, a, um,* et *sanctissimè* : du dat. *forti*, on formera *fortissimus, a, um,* et *fortissimè.*

OBSERVATIONS.

1°. Les adjectifs en *er* forment leur superlatif du nominatif masc. en ajoutant *rimus : pulcher, pulcherrimus, rima, rimum.*

2°. Quelques adjectifs en *lis*, comme *facilis, difficilis, humilis, similis, gracilis, imbecillis*, forment leur superlatif en *illimus*, comme *facilis, facillimus;* (mais *utilis* fait *utilissimus*, régulièrement.)

3°. Les adjectifs en *dicus, ficus, volus,* comme *maledicus, mirificus, benevolus,* forment leur comparatif en *entior*, et leur superlatif en *entissimus:* Ex. *Maledicus,* Comp. *maledicentior.* Sup. *maledicentissimus; benevolus,* Comp. *benevolentior,* Sup. *benevolentissimus.*

4°. Les quatre adjectifs suivans forment leurs comp. et superl. très-irrégulièrement, *bonus*, bon, *melior*, meilleur, *optimus*, très-bon; *malus*, mauvais, *pejor*, pire, *pessimus*, très-mauvais; *magnus*, grand, *major*, plus grand, *maximus*, très-grand, *parvus*, petit, *minor*, plus petit, *minimus*, très-petit.

REMARQUE. Les adjectifs terminés en *ius*, *eus*, *uus*, n'ont ni comparatif ni superlatif; alors on exprime *plus* par *magis*, avec le positif; et *le plus* par *maximè*. *Pius*, pieux, *magis pius*, plus pieux, *maximè pius*, très-pieux.

RÈGLE DES COMPARATIFS.

Doctior Petro.

Le comparatif veut à l'ablatif le nom qui suit, en supprimant le *que;* plus savant que Pierre, *doctior Petro*. On peut aussi exprimer le *que* par *quàm*, et mettre après le même cas que devant; Paul est plus savant que Pierre, *Paulus est doctior quàm Petrus*.

REGLE DES SUPERLATIFS.

Altissima arborum, ou ex arboribus, ou inter arbores.

Le superlatif veut le nom pluriel suivant au génitif ou à l'ablatif avec *è*, ou *ex*, ou à l'accusatif avec *inter*.

Ex. Le plus haut des arbres, *altissima arborum*, ou *ex arboribus*, ou *inter arbores*.

REMARQUE. Le superlatif prend le genre du nom *pluriel* qui suit: *altissima* est du féminin, parce que son régime *arborum* est du féminin.

SUPPLÉMENT AUX VERBES.

VERBES IRRÉGULIERS.

On appelle *irréguliers* les verbes qui, dans quelques uns de leurs temps , ou quelques-unes de leurs personnes, se conjuguent autrement que les quatre dont nous avons parlé.

VERBE NEUTRE PASSIF
de la seconde Conjugaison.

On l'appelle *neutre passif*, parce qu'il a le parfait et les temps qui en sont formés, terminés en *us* , comme le passif. Il se conjugue comme *moneo*, excepté les parfaits, qui se conjuguent comme *monitus sum* , etc. C'est pourquoi on a indiqué seulement la première personne de chaque temps.

INDICATIF.

Présent.   Gaudeo , *je me réjouis* , etc.
Imparfait.   Gaudebam , *je me réjouissois* , etc.
Parfait.   Gavisus sum *ou* fui , *je me suis réjoui.*
Plus-que-p. Gavisus eram *ou* fueram , *je m'étois réjoui*, etc.
Futur.   Gaudebo , *je me réjouirai* , etc.
Futur passé. Gavisus ero *ou* fuero , *je me serai réjoui*, etc.

IMPÉRATIF.

Gaude *ou* Gaudeto , *réjouis-toi* , etc.

SUBJONCTIF.

Présent.   Gaudeam , *que je me réjouisse* , etc.
Imparfait.   Gauderem , *que je me réjouisse, ou je me réjoui-*
                                      (rois.
Parfait.   Gavisus sim *ou* fuerim , *que je me sois réjoui*, etc.
Plus-que-p. Gavisus essem *ou* fuissem , *que je me fusse ré-*
                                     (joui , etc.

INFINITIF. *Présent et Imparfait.*

Gaudere , *se réjouir.*

PARFAIT ET PLUS-QUE-PARFAIT.

Gavisum esse *ou* fuisse, *s'être réjoui.*

FUTUR.

Gavisurum esse, *devoir se réjouir, qui se ré-*
(*jouira.*

FUTUR PASSÉ.

Gavisurum fuisse, *avoir dû se réjouir.*

PARTICIPE PRÉSENT.

Gaudens, Gaudentis, *se réjouissant.*

PARTICIPE PASSÉ.

Gavisus, gavisa, gavisum, *s'étant réjoui.*

PARTICIPE FUTUR.

Gavisurus, Gavisura, Gavisurum, *devant*
(*réjouir.*

SUPINS.

Gavisum, *se réjouir.*

Gavisu, *à se réjouir.*

GÉRONDIFS.

Gaudendi, *de se réjouir.*

Gaudendo, *en se réjouissant.*

Gaudendum, *à se réjouir ou pour se réjouir.*

Ainsi se conjugent *audere, audeo, ausus sum,* oser;
solere, soleo, solitus sum, avoir coutume.

VERBE IRREGULIER

de la troisième Conjugaison.

INDICATIF. *Présent.*

Sing.	Fero,	*je porte.*
	Fers,	*tu portes.*
	Fert,	*il porte.*
Plur.	Ferimus,	*nous portons.*
	Fertis,	*vous portez.*
	Ferunt,	*ils portent.*
Imparfait.	Ferebam,	*je portois,* etc.
Parfait.	Tuli,	*j'ai porté,* etc.
Plus-que-p.	Tuleram,	*j'avois porté,* etc.
Futur.	Feram,	*je porterai,* etc.
Futur passé.	Tulero,	*j'aurai porté,* etc.

IMPÉRATIF.

Sing.	Fer *ou* ferto,	*porte.*
	Ferto (ille),	*qu'il porte.*
Plur.	Feramus,	*portons.*
	Ferte *ou* fertote,	*portez.*
	Ferunto,	*qu'ils portent.*

SUBJONCTIF.

Présent.	Feram,	*que je porte,* etc.
Imparfait.	Ferrem,	*que je portasse ou je porterois,* etc.

Parfait. Tulerim, *que j'aie porté,* etc.

Plus-que-p. Tulissem, *que j'eusse porté* ou *j'aurois porté,* etc.

INFINITIF. *Présent et Imparfait.*

Ferre, *porter.*

PARFAIT ET PLUS-QUE-PARFAIT.

Tulisse, *avoir porté.*

FUTUR.

Laturum esse, *devoir porter, qu'il portera,* ou *qu'il porteroit.*

FUTUR PASSÉ.

Laturum fuisse, *avoir dû porter, qu'il auroit porté.*

PARTICIPE PRÉSENT.

Ferens, *portant.*

PARTICIPE FUTUR.

Laturus, latura, laturum, *devant porter.*

SUPIN.

Latum, *porter.*

GÉRONDIFS.

Ferendi, *de porter.*

Ferendo, *en portant.*

Ferendum, *à porter* ou *pour porter.*

Ainsi se conjuguent les composés de *fero,* comme *offero, offers, obtuli, oblatum, offerre,* offrir ; *differo, differs, distuli, dilatum, differre,* différer, etc.

PASSIF FEROR.

INDICATIF. *Présent.*

Sing. Feror, *je suis porté.*
Ferris *ou* ferre, *tu es porté.*
Fertur, *il est porté.*

Plur. Ferimur, *nous sommes portés.*
Ferimini, *vous êtes portés.*
Feruntur, *ils sont portés.*

Imparfait. Ferebar, *j'étois porté.*
Parfait. Latus sum *ou* fui, *j'ai été porté,* etc.
Plus-que-parf. Latus eram *ou* fueram, *j'avois été porté,* etc.
Futur Ferar, *je serai porté,* etc.
Futur passé. Latus ero *ou* fuero, *j'aurai été porté.*

IMPÉRATIF.

Sing. Ferre *ou* fertor, *sois porté.*
Fertor (ille), *qu'il soit porté.*

Plur. Feramur, *soyons portés.*
Ferimini, *soyez portés.*
Feruntor, *qu'ils soient portés.*

SUBJONCTIF.

Présent. Ferar, *que je sois porté,* etc.
Imparfait. Ferrer, *que je fusse porté,* ou *je serois porté,* etc.

Parfait. Latus sim *ou* fuerim , *que j'aie été porté ,* etc.
Plus-que-p. Latus essem *ou* fuissem , *que j'eusse été porté.*

INFINITIF. *Présent et Imparfait.*

Ferri, *être porté.*

PARFAIT ET PLUS-QUE-PARFAIT.

Latum esse *ou* fuisse, *avoir été porté.*

FUTUR.

Latum iri *ou* ferendum esse , *devoir être porté.*

FUTUR PASSÉ.

Ferendum fuisse , *qu'il eût,* ou *qu'il auroit été porté.*

PARTICIPE PASSÉ.

Latus , lata , latum , *porté, ayant été porté.*

PARTICIPE FUTUR.

Ferendus , ferenda , ferendum, *devant être porté.*

SUPIN.

Latu , *à être porté.*

VERBES IRRÉGULIERS
de la quatrieme Conjugaison.

INDICATIF. *Présent.*

Sing.	Eo ,	*je vais ou je vas.*
	Is ,	*tu vas.*
	It ,	*il va.*
Plur.	Imus ,	*nous allons.*
	Itis ,	*vous allez.*
	Eunt ,	*ils vont.*
Imparfait.	Ibam ,	*j'allois, Ibas, etc.*
Parfait.	Ivi,	*je suis allé. Ivisti , etc.*
Plus-que-p.	Iveram ,	*j'étois allé. Iveras, etc.*
Futur.	Ibo ,	*j'irai. Ibis , etc.*
Futur passé.	Ivero ,	*je serai allé. Iveris , etc.*

IMPÉRATIF.

Sing.	I , *ou* ito,	*va.*
	Ito (ille) ,	*qu'il aille.*
Plur.	Eamus ,	*allons.*
	Ite *ou* itote ,	*allez.*
	Eunto ,	*qu'ils aillent.*

SUBJONCTIF.

Présent.	Eam ,	*que j'aille. Eas , etc.*
Imparfait.	Irem ,	*que j'allasse. Ires, etc.*
Parfait.	Iverim ,	*que je sois allé.*
Plus-que-p.	Ivissem ,	*que je fusse allé.*

INFINITIF. *Présent et Imparfait.*

Ire,　　　　　*aller.*

PARFAIT ET PLUS-QUE-PARFAIT.

Ivisse,　　　　*être allé.*

FUTUR.

Iturum esse, *devoir aller, qu'il ira* ou *qu'il iroit.*

FUTUR PASSÉ.

Iturum fuisse, *avoir dû aller, qu'il seroit allé.*

PARTICIPE PRÉSENT.

Iens, euntis, *allant, qui va.*

PARTICIPE FUTUR.

Iturus, itura, iturum, *devant aller, qui ira.*

SUPIN.

Itum, *aller,* itu, *à aller.*

GÉRONDIFS.

Eundi,　　　　*d'aller.*
Eundo,　　　　*en allant.*
Eundum,　　　 *à aller,* ou *pour aller.*

Ainsi se conjuguent *exire, exeo, is,* sortir ; *perire, pereo, is,* périr ; *redire, redeo, is,* revenir ; *adire, adeo, is,* aller trouver ; *transire, transeo, is ; præterire, prætereo, is,* passer outre *ou* auprès.

VERBE FIO.

Quand le verbe *Fio* signifie *je deviens*, il est verbe substantif, et quand il signifie *être fait*, c'est le passif du verbe *facere.*

INDICATIF. *Présent.*

Sing.	Fio,	*je deviens, ou je suis fait.*
	Fis,	*tu deviens.*
	Fit,	*il devient.*
Plur.	Fimus,	*nous devenons.*
	Fitis,	*vous devenez.*
	Fiunt,	*ils deviennent.*
Imparfait.	Fiebam,	*je devenois.* Fiebas, etc.
Parfait.	Factus sum *ou* fui,	*je suis devenu.*
Plus-que-p.	Factus eram *ou* fueram,	*j'étois devenu.*
Futur.	Fiam,	*je deviendrai.* Fies, etc.
Futur passé.	Factus ero *ou* fuero,	*je serai devenu.*

IMPERATIF.

Sing. Fi,   *deviens.*
Plur. Fite *ou* fitote, *devenez.*

SUBJONCTIF.

Présent.   Fiam, *que je devienne.* Fias, etc.
Imparfait.   Fierem, *que je devinsse,* ou *je deviendrois,*
Parfait.   Factus sim *ou* fuerim, *que je sois devenu.*
Plus-que-p. Factus essem *ou* fuissem, *que je fusse devenu.*

INFINITIF. *Présent et Imparfait.*

Fieri,   *devenir.*

PARFAIT ET PLUS-QUE-PARFAIT.

Factum esse *ou* fuisse, *être devenu.*

FUTUR.

Factum iri, *ou* faciendum esse, *qu'il deviendra,* ou *qu'il deviendroit.*

FUTUR PASSÉ.

Faciendum fuisse, *qu'il seroit* ou *qu'il fût devenu.*

PARTICIPE PASSÉ.

Factus, a, um, *étant devenu,* ou *ayant été fait.*
Faciendus, a, um, *devant être fait.*

SUPIN.

Factu, *à faire,* ou *à être fait.*

VERBES VOLO, NOLO, MALO.

INDICATIF. *Présent.*

Sing.   Volo,   *je veux.*
         Vis,   *tu veux.*
         Vult,   *il veut.*
Plur.   Volumus,   *nous voulons.*
         Vultis,   *vous voulez.*
         Volunt,   *ils veulent.*
Imparfait.   Volebam,   *je voulois,* etc.
Parfait.   Volui,   *j'ai voulu,* etc.
Plus-que-p. Volueram,   *j'avois voulu,* etc.
Futur.   Volam,   *je voudrai.* Voles, etc
Futur passé. Voluero,   *j'aurai voulu,* etc.

SUBJONCTIF. *Présent.*

Sing.   Velim,   *que je veuille.*
         Velis,   *que tu veuilles.*
         Velit,   *qu'il veuille,*
Plur.   Velimus   *que nous voulions.*
         Velitis   *que vous vouliez.*
         Velint,   *qu'ils veuillent.*

Imparfait.   Vellem,   *que je voulusse, ou je voudrois.*
Parfait.   Voluerim,   *que j'aie voulu.*
Plus-que-p.   Voluissem, *que j'eusse voulu, ou j'aurois voulu*

INFINITIF. *Présent et Imparfait.*

Velle,   *vouloir.*

PARFAIT ET PLUS-QUE-PARFAIT.

Voluisse,   *avoir voulu.*

PARTICIPE PRÉSENT.

Volens,   *voulant, qui veut.*

Ainsi se conjuguent *nolo*, je ne veux pas, et *malo*, j'aime mieux.

INDICATIF. *Présent.*

Sing.   Nolo,   *je ne veux pas.*
          Non vis,   *tu ne veux pas.*
          Non vult,   *il ne veut pas.*
Plur.   Nolumus,   *nous ne voulons pas.*
          Non vultis, *vous ne voulez pas.*
          Nolunt,   *ils ne veulent pas.*

IMPÉRATIF.

Sing.   Noli *ou* nolito, *ne veuille pas.*
          Nolito (ille), *qu'il ne veuille pas.*
Plur.   Nolimus,   *ne veuillons pas.*
          Nolite *ou* nolitote, *ne veuillez pas.*
          Nolunto,   *qu'ils ne veuillent pas.*

SUBJONCTIF. *Présent.*

Nolim,   *que je ne veuille pas.*

INFINITIF. *Présent.*

Nolle,   *ne vouloir pas.*

INDICATIF. *Présent.*

Sing.   Malo,   *j'aime mieux.*
          Mavis,   *tu aimes mieux.*
          Mavult,   *il aime mieux.*
Plur.   Malumus,   *nous aimons mieux.*
          Mavultis,   *vous aimez mieux.*
          Malunt,   *ils aiment mieux.*

SUBJONCTIF. *Présent.*

Malim,   *que j'aime mieux.*

INFINITIF *Présent et Imparfait.*

Malle.   *aimer mieux.*

VERBES IRREGULIERS,
Composés de SUM.

INDICATIF. *Présent.*

Sing.	Possum,	je peux , ou *je puis.*
	Potes,	*tu peux.*
	Potest,	*il peut.*
Plur.	Possumus,	*nous pouvons.*
	Potestis ,	*vous pouvez.*
	Possunt ;	*ils peuvent.*
Imparfait.	Poteram ,	*je pouvois.* Poteras, etc.
Parfait.	Potui ,	*j'ai pu.* Potuisti , etc.
Plus-que p.	Potueram,	*j'avois pu.* Potueras, etc.
Futur.	Potero,	*je pourrai.* Poteris, etc.
Futur passé.	Potuero,	*j'aurai pu*, etc.

SUBJONCTIF.

Présent.	Possim ,	*que je puisse.* Possis, etc.
Imparfait.	Possem,	*que je pusse, ou je pourrois.*
Parfait.	Potuerim ,	*que j'aie pu.*
Plus-qua-p.	Potuissem,	*que j'eusse pu, ou j'aurois pu,* etc.

INFINITIF. *Présent et Imparfait.*

Posse ,	*pouvoir.*

PARFAIT ET PLUS-QUE-PARFAIT.

Potuisse,	*avoir pu.*

PROSUM , JE SERS.

Sing.	Prosum ,	*je sers.*
	Prodes ,	*tu sers.*
	Prodest,	*il sert.*
Plur.	Prosumus,	*nous servons.*
	Prodestis ,	*vous servez.*
	Prosunt,	*ils servent.*
Imparfait	Proderam,	*je servois*, etc.
Parfait	Profui,	*j'ai servi*, etc.
Plus.q e p.	Pofueram ,	*j'avois servi*, etc.
Futur.	Prodero ,	*je servirai.* etc.
Futur passé.	Profuero,	*j'aurai servi*, etc.

IMPÉRATIF.

Sing.   Prodes *ou* prodesto, *sers.*
        Prodesto (ille), *qu'il serve.*

Plur.   Prosimus,   *servons.*
        Prodeste *ou* prodestote, *servez.*
        Prosunto,   *qu'ils servent.*

SUBJONCTIF.

Présent.   Prosim,   *que je serve, etc.*
Imparfait.   Prodessem, *que je servisse, ou je servirois, etc.*
Parfait.   Profuerim,   *que j'aie servi, etc.*
Plus-que-p.   Profuissem, *que j'eusse ou j'aurois servi, etc.*

INFINITIF. *Présent et Imparfait.*

Prodesse,   *servir.*

PARFAIT ET PLUS-QUE-PARFAIT.

Profuisse,   *avoir servi.*

FUTUR.

Profuturum esse, *devoir servir, qu'il servira.*

FUTUR PASSÉ.

Profuturum fuisse, *qu'il eût ou qu'il auroit servi.*

PARTICIPE FUTUR.

Profuturus, a, um, *devant servir.*

AUTRE VERBE IRREGULIER.

QUEO *n'a guere que les temps et les personnes qui suivent.*

INDICATIF. *Présent.*

Sing.   Queo,   *je peux ou je puis.*
        Quis,   *tu peux.*
        Quit,   *il peut.*
Plur.   Quimus,   *nous pouvons.*
        Quitis,   *vous pouvez.*
        Queunt,   *ils peuvent.*

Imparfait.   Quibam,   *je pouvois.* Quibamus.
Parfait.   Quivi,   *j'ai pu.*
        Quivimus,   *nous avons pu.*
Plus-que-p.   Quiveram,   *j'avois pu.*
Futur.   Quibo,   *je pourrai.*
Futur passé.   Quivero,   *j'aurai pu.*

SUBJONCTIF. *Présent.*

Sing.	Queam,	*que je puisse.*
	Quéas,	*que tu puisses.*
	Queat,	*qu'il puisse.*
Plur.	Queamus,	*que nous puissions.*
	Queatis,	*que vous puissiez.*
	Queant,	*qu'ils puissent.*
Imparfait.	Quirem,	*que je pusse ou je pourrois.*
	Quiremus,	*que nous pussions.*
Parfait.	Quiverim,	*que j'aie pu.*
	Quiverimus,	*que nous ayons pu.*
Plus que-p.	Quivissem,	*que j'eusse pu.*
	Quivissemus,	*que nous eussions pu.*

INFINITIF. *Présent et Imparfait.*

Quire, *pouvoir.*

PARFAIT ET PLUS-QUE-PARFAIT.

Quivisse, *avoir pu.*

Ainsi se conjugue *nequire*, *nequeo*, ne pouvoir pas.

VERBES DÉFECTUEUX.

On appelle *défectueux* les verbes auxquels il manque plusieurs personnes ou plusieurs temps.

INDICATIF *Présent.*

Sing.	Memini,	*je me souviens.*
	Meministi,	*tu te souviens.*
	Meminit,	*il se souvient.*
Plur.	Meminimus,	*nous nous souvenons.*
	Meministis,	*vous vous souvenez.*
	Meminerunt ou meminère,	*ils se souviennent.*
Imparfait.	Memineram,	*je me souvenois.*
	Memineras,	*tu te souvenois.*

Point de parfait ni de plus-que-parfait.

FUTUR.

Sing.	Meminero,	*je me souviendrai.*
	Memineris,	*tu te souviendras.*
	Meminerit,	*il se souviendra.*
Plur.	Meminerimus,	*nous nous souviendrons.*
	Memineritis,	*vous vous souviendrez.*
	Meminerint,	*ils se souviendront.*

IMPÉRATIF,

Sing.	Memento,	*souviens-toi.*
	Memento (ille),	*qu'il se souvienne.*
Plur.	Mementote,	*souvenez-vous.*

SUBJONCTIF.

Présent.	Meminerim,	*que je me souvienne.*
	Memineris,	*que tu te souviennes.*
Imparfait.	Meminissem,	*que je me souvinsse ou je me*
		(souviendrois.
	Meminisses,	*que tu te souvinsses ou tu te*
		(souviendrois, etc.

INFINITIF. *Présent et Imparfait.*

	Meminisse,	*se souvenir.*

Ainsi se conjuguent *novi*, je connois ; *cœpi*, je commence ; *odi*, je hais: ce dernier fait au prétérit *osus sum* ou *fui*, j'ai haï, etc., et au plus-que-parfait *osus eram* ou *fueram*, j'a-vois haï, etc. mais ils n'ont pas d'impératif.

AIO, JE DIS.

INDICATIF. *Présent.*

S. Aio, *je dis.*
Ais, *tu dis.*
Ait, *il dit.*
P. Aiunt, *ils disent.*

IMPARFAIT.

S. Aiebam, *je disois.*
Aiebas, *tu disois.*

PARFAIT.

S. Aisti, *tu as dit.*
P. Aistis, *vous avez dit.*

SUBJONCTIF. *Présent.*

S. Aias, *que tu dises.*
Aiat, *qu'il dise.*

PARTICIPE PRÉSENT.

Aiens, aientis, *disant.*

INQUAM, DIS-JE.

INDICATIF.
PRÉSENT.

S. Inquam, *dis-je.*
Inquis, *dis-tu.*
Inquit, *dit-il.*
P Inquimus, *disons-nous.*
Inquitis, *dites-vous.*
Inquiunt, *disent-ils.*

IMPARFAIT.

Inquiebat, *disoit-il.*
Inquiebant, *disoient-ils.*

PARFAIT.

Inquisti, *as-tu dit.*
Inquit, *a-t-il dit.*
Inquistis, *avez-vous dit.*

FUTUR.

Inquies, *diras-tu.*
Inquiet, *dira-t-il.*

IMPÉRATIF.

Inque, inquito, *dis.*

SUBJONCTIF.

Inquiat, *qu'il dise.*

VERBES IMPERSONNELS.

On appelle *impersonnels* ou *uni personnels* les verbes qui n'ont que la troisieme personne du singulier.

OPORTET, IL FAUT.

INDICATIF.

PRÉSENT.
Oportet, *il faut.*
IMPARFAIT.
Oportebat, *il falloit.*
PARFAIT.
Oportuit, *il a fallu.*
PLUS-QUE-PARFAIT.
Oportuerat, *il avoit fallu.*
FUTUR.
Oportebit, *il faudra.*
FUTUR PASSÉ.
Oportuerit, *il aura fallu.*

SUBJONCTIF.

PRÉSENT.
Oporteat, *qu'il faille.*
IMPARFAIT.
Oporteret, *qu'il fallût,* ou *qu'il (faudroit.*
PARFAIT.
Oportuerit, *qu'il ait fallu.*
PLUS-QUE-PARFAIT.
Oportuisset, *qu'il eût fallu.*
INFINITIF. *Présent.*
Oportere, *falloir.*
PARFAIT.
Oportuisse, *avoir fallu.*

Ainsi se conjuguent *decet,* il convient; *licet,* il est permis; *libet,* il plaît; *liquet,* il est clair.

VERBE POENITET.

Ce verbe se conjugue dans tous ses temps avec les pronoms accusatifs *me*, *te*, *illum*, *illam* (ou un nom) au singulier, et *nos*, *vos*, *illos*, *illas* (ou un nom) au pluriel.

INDICATIF. *Présent.*

Sing.	me Pœnitet,	*je me repens.*
	te Pœnitet,	*tu te repens.*
illum, illam Pœnitet,		*il, elle se repent.*
Plur.	nos Pœnitet,	*nous nous repentons.*
	vos Pœnitet,	*vous vous repentez.*
illos, illas Pœnitet,		*ils, elles se repentent.*
imparfait. me Pœnitebat,		*je me repentois.*

Parfait.   me Pœnituit,   *je me suis repenti,* etc.
Plus-que-p. me Pœnituerat, *je m'étois repenti.*
Futur.   me Pœnitebit,   *je me repentirai.*
Futur pas. me Pœnituerit,   *je me serai repenti.*

SUBJONCTIF.

Présent.   me Pœniteat,   *que je me repente,* etc.
Imparfait. me Pœniteret,   *que je me repentisse, ou je me*
                                       (repentirois.
Parfait.   me Pœnituerit, *que je me sois repenti.*
Plus-que-p. me Pœnituisset, *que je me fusse repenti, ou je*
                                     (me serois repenti.

INFINITIF. *Présent et Imparfait.*

Pœnitere,   *se repentir.*

PARFAIT ET PLUS-QUE-PARFAIT.

Pœnituisse,   *s'être repenti.*

PARTICIPE PRÉSENT.

Pœnitens, Pœnitentis, *se repentant.*

PARTICIPE FUTUR PASSIF.

Pœnitendus, pœnitenda, pœnitendum, *dont on doit se re-*
                                       (pentir.

GÉRONDIFS.

Pœnitendi, *de se repentir,* pœnitendo , *en se repentant,* pœ-
    (*nitendum , à se repentir, ou pour se repentir.*

Ainsi se conjuguent *me pudet,* j'ai honte ; *me piget,* je suis
fâché ; *me tœdet,* je m'ennuie ; *me miseret,* j'ai compassion.

IMPERSONNEL PASSIF.

L'impersonnel passif est la troisieme per-
sonne du singulier passif dans tous les temps.

INDICATIF. *Présent.*
Dicitur, *on dit.*
    IMPARFAIT.
Dicebatur, *on disoit.*
    PARFAIT.
Dictum est *ou* fuit.
    PLUS-QUE-PARFAIT.
Dictum erat *ou* fuerat.
    FUTUR.
Dicetur , *on dira.*

FUTUR PASSÉ.
Dictum erit *ou* fuerit.
    SUBJONCTIF. *Présent.*
Dicatur, *qu'on dise.*
    IMPARFAIT.
Diceretur, *qu'on dît.*
    PARFAIT.
Dictum sit *ou* fuerit.
    PLUS QUE-PARFAIT.
Dictum esset *ou* fuisset.

On peut faire impersonnels tous les verbes actifs ou neutres,

SECONDE PARTIE.

SYNTAXE LATINE.

La Syntaxe est la maniere de joindre ensemble les mots d'une phrase, et les phrases entr'elles.

Il y a deux sortes de Syntaxe; la Syntaxe d'*accord*, par laquelle on fait accorder deux mots en genre, en nombre, *etc.*, et la Syntaxe de *régime*, par laquelle un mot régit un autre mot à tel cas, à tel mode, *etc.*

SYNTAXE DES NOMS.
Accord des deux Noms.

Philippus Rex. — *Regle.* Quand deux ou plusieurs noms désignent une seule et même personne, une seule et même chose, ces noms se mettent au même cas.

Exemple. Philippe Roi, *Philippus Rex*; de Philippe Roi, *Philippi Regis*, etc. — Esope auteur, *Æsopus autor*; à Esope auteur, *Æsopo autori*; la ville de Rome, *urbs Roma :* les Latins disoient : *la ville Rome.*

Remarque. *De* entre deux noms n'empêche pas de mettre ces deux noms au même cas, lorsqu'on peut tourner *de* par *qui s'appelle*: la ville de Rome; *tournez*, la ville *qui s'appelle* Rome.

Régime des Noms.

I. Liber *Petri.* —*Règle.* Lorsque *de*, *du*, *des*, entre deux noms, ne peuvent pas se tourner par *qui s'appelle*, on met le second au génitif.

Ex. Le livre de Pierre, *liber Petri* , la bonté de Dieu, *bonitás Dei*.

Souvent au lieu du génitif on se sert d'un adjectif qui a la même valeur. Ex. La bonté de Dieu ; *tournez*, la bonté divine, *bonitas divina* : le parlement de Paris ; *tournez*, le parlement parisien , *Senatus parisiensis*.

REMARQUE. Quand le nom qui suit *de* exprime une qualité bonne ou mauvaise, on peut mettre ce nom ou à l'ablatif ou au génitif : un enfant d'un bon naturel, *puer egregiâ indole*, ou *egregiœ indolis ;* d'un mauvais naturel, *pravâ indole ;* ou *pravœ indolis* avec l'ablatif on sous-entend *prœditus*, doué de.

II. Tempus *legendi*. — *De* entre un nom de chose inanimée et un infinitif françois, se rend en latin par le gérondif en *di*, qui est un véritable génitif.

Ex. Le temps de lire, *tempus legendi;* de lire l'histoire, *tempus legendi historiam*.

(Les gérondifs gouvernent le même cas que les verbes d'où ils viennent.)

REMARQUE. Si le verbe latin gouverne l'accusatif, au lieu du gérondif en *di* il est mieux d'employer le participe en *dus, da , dum* , que l'on met au génitif, en le faisant accorder avec le nom en genre, en nombre et en cas ; ainsi au lieu de dire *tempus legendi historiam* , on dit mieux , *tempus legendœ historiœ* le temps de l'Histoire devant être lue.

De entre un nom et un infinitif se rend quelquefois par l'infinitif latin ; c'est lorsque cet infinitif peut servir de nominatif à la phrase. Ex. C'est un péché de mentir ; *tournez*, mentir est un péché, *culpa est mentiri*.

SYNTAXE DES ADJECTIFS.

Accord de l'adjectif avec le nom.

I. Deus *sanctus*. — *Règle*. L'adjectif s'accorde en genre , en nombre et en cas avec le nom auquel il se rapporte.

Ex. Dieu saint , *Deus sanctus;* du Dieu saint, *Dei sancti;* Vierge sainte , *Virgo sancta;* de la Vierge sainte, *Virginis sanctœ*, temple saint, *templum sanctum ;* du temple saint, *templi sancti.*

II. Pater et filius *boni*, mater et filia *bonæ.* —Quand un adjectif se rapporte à deux noms, on met cet adjectif au pluriel, parce que deux singuliers valent un pluriel.

Ex. Le père et le fils bons, *pater et filius boni ;* la mère et la fille bonnes, *mater et filia bonæ.*

III. Pater et mater *boni.* — Quand un adjectif se rapporte à deux noms de différens genres, l'adjectif prend le plus noble des deux genres. (Le masculin est plus noble que les deux autres ; le féminin est plus noble que le neutre.)

Ex. Le père et la mère bons, *pater et mater boni.*

IV. Virtus et vitium *contraria.* — Quand les deux noms sont des choses inanimées, c'est-à-dire sans vie, l'adjectif qui s'y rapporte se met au pluriel neutre. *(Il n'y a d'animé que les hommes et les bêtes.)*

Ex. La vertu et le vice contraires, *virtus et vitium contraria* (1), sous-entendu *negotia,* choses.

V. Turpe est *mentiri.* — L'adjectif qui ne se rapporte à aucun nom précédent se met au neutre.

Ex. Il est honteux de mentir, *turpe est mentiri* (2).

(1) Lorsque deux adjectifs sont joints ensemble le premier se change en adverbe. Ex. Les vrais sages, *verè sapientes,* c'est-à-dire, les hommes vraiment sages.

(2) L'infinitif *mentiri* est un véritable nom avec lequel s'accorde l'adjectif *turpe :* le mentir est honteux.

Il est honteux d'être paresseux, *turpe est esse pigrum.*

DEUS EST SANCTUS. — Credo Deum esse sanctum.

L'adjectif qui suit immédiatement le verbe *sum* se met au même cas que le nom ou pronom qui précede le verbe, et auquel il se rapporte.

Ex. Dieu est saint, *Deus est sanctus.*

Je crois que Dieu est saint, *credo Deum esse sanctum.* (En latin on dit, *je crois Dieu être saint.*)

Il ne m'est pas permis d'être paresseux, *mihi non licet esse pigro.*

Si cependant le nom qui précede étoit au génitif, il faudroit mettre l'adjectif à l'accusatif. Ex. Il importe à un jeune homme d'être laborieux, *refert adolescentis esse impigrum.*

Remarque. On observe la même règle après tout autre verbe quand l'adjectif le suit immédiatement. Ex. Le geai revint tout chagrin, *graculus rediit mœrens;* Aristide mourut pauvre, *Aristides mortuus est pauper;* je m'appelle lion; *ego nominor leo.*

REGIME DES ADJECTIFS.

I. *Adjectifs qui gouvernent le génitif.*

Avidus *laudum.* — Règle. Les adjectifs *avidus,* avide, *cupidus,* qui désire, *studiosus,* qui a du goût pour, *peritus,* habile dans, *expers,* qui manque, *patiens,* qui souffre, *rudis,* qui ne sait pas, *memor,* qui se souvient, *immemor,* qui ne se souvient pas, *plenus,* plein, *etc.,* gouvernent le génitif.

Ex. Avide de louanges, *avidus laudum;*

habile dans la musique, *peritus musicæ;* plein de vin, *plenus vini.* (On trouve quelquefois *plenus* avec un ablatif : *plenus vino.*)

Cupidus *videndi.* — Quand les adjectifs *avide*, etc. sont suivis d'un infinitif françois, on met en latin cet infinitif au gérondif en *di.*

Ex. Curieux de voir, *cupidus videndi :* de voir la ville, *videndi urbem*, et mieux *videndæ urbis*, comme nous avons dit plus haut, page 114.

II. *Adjectifs qui gouvernent le génitif* ou *le datif.* Similis *patris* ou *patri.* — Similis, semblable, *par*, *æqualis*, égal, *affinis*, allié, gouvernent le génitif ou le datif.

Ex. Semblable à son père, *similis patris* ou *patri;* allié au roi, *affinis regis* ou *regi.*

III. *Adjectifs qui gouvernent le datif seulement.* Mihi utile *est.* — Utilis, utile à, *commodus*, avantageux à, *infensus*, *iratus*, irrité contre, *assuetus*, accoutumé à, *aptus*, *idoneus*, propre à, gouvernent le datif.

Ex. Cela m'est utile, *id mihi utile est;* corps accoutumé au travail, *corpus assuetum labori.*

Quand ces adjectifs sont suivis d'un infinitif françois, on met en latin cet infinitif au gérondif en *do.* (Le gérondif en *do* est ici un véritable datif.)

Ex. Corps accoutumé à supporter le travail, *corpus assuetum tolerando laborem*, ou mieux, *tolerando labori;* en se servant du participe en *dus*, *da*, *dum*, et le faisant accorder avec le nom.

Remarque. Après *aptus*, *idoneus* et *natus*, on peut mettre l'accusatif avec *ad*. Ex. Propre à la guerre, *aptus ad militiam* ; né pour les armes, *natus ad arma*.

IV. *Adjectifs qui gouvernent l'accusatif avec* ad. Propensus *ad lenitatem.* — *Propensus*, *pronus*, *proclivis*, porté à.... et tous les adjectifs qui marquent un penchant ou inclination à quelque chose, gouvernent l'accusatif avec *ad*.

Ex. Porté à la douceur, *propensus ad lenitatem.*

Quand ces adjectifs sont suivis d'un infinitif en françois, on met en latin cet infinitif au gérondif en *dum*, (le gérondif en *dum* est un véritable accusatif.)

Ex. Prompt à se mettre en colère, *pronus ad irascendum* ; à venger une injure, *ad ulciscendum injuriam*, et mieux *ad ulciscendam injuriam.*

V. *Adjectifs qui gouvernent l'accusatif sans préposition.* — Populabundus *agros.*

Les adjectifs en *bundus* gouvernent l'accusatif quand ils viennent d'un verbe qui régit ce cas.

Ex. Ravageant les campagnes, *populabundus agros.*

VI. *Adjectifs qui gouvernent l'ablatif.* — Præditus *virtute. Præditus,* doué de, *dignus,* digne de, *indignus,* indigne de, *contentus,* content de, *etc.*, gouvernent l'ablatif.

Ex. Jeune homme doué de vertu, *adolescens virtute præditus* ; digne de louange, *dignus laude*; content de son sort, *contentus suâ sorte.*

REMARQUE. On trouve quelquefois *dignus* avec le génitif.

VII. Mirabile *visu*. — Après les adjectifs **admirable à, facile à, difficile à,** etc., l'infinitif françois se rend en latin par le supin en *u.*

Ex. Chose admirable à voir (tournez à être **vue**), *res visu mirabilis*, ou *mirabile visu*. (Quand on n'exprime pas le mot chose, l'adjectif latin se met au neutre, parce qu'ils s'accorde avec *negotium*, sous-entendu.

Chose facile à dire, *res dictu facilis ;* à **trouver**, *inventu*.

REMARQUE. Si le verbe latin n'a point de supin, tournez la phrase de cette manière : ma leçon est difficile à étudier : dites, il est difficile d'étudier ma leçon, *difficile est studere lectioni meæ*.

SYNTAXE DES COMPARATIFS
Et des Superlatifs.

COMPARATIFS.

I. Doctior *Petro*. — Après le comparatif exprimé par un seul mot latin, on met le nom à l'ablatif en supprimant le *que*.

Ex. Plus savant que Pierre, *doctior Petro*.

La vertu est plus précieuse que l'or, *virtus est pretiosior auro*. (On sous-entend *præ*, en comparaison de.)

REMARQUE. On peut après le comparatif exprimer *que* par *quàm*, et mettre après même cas que devant.

Ex. Paul est plus savant que Pierre, *Paulus est doctior quàm Petrus*. — Je ne connois personne plus savant que Paul ; *neminem novi doctiorem quàm Paulum*.

II. Felicior *quàm prudentior*. — Felicius, *quàm prudentius*.

Quand après un comparatif le *que* est suivi d'un adjectif ou d'un adverbe, cet adjectif ou cet adverbe se met encore au comparatif et au même cas que le premier.

Ex. Il est plus heureux que prudent, *felicior est quàm prudentior*.

Ils envoyèrent un général plus hardi qu'habile, *miserunt ducem audaciorem quàm peritiorem*.

III. *Magìs pius quàm tu.* — Quand l'adjectif latin n'a point de comparatif, on exprime *plus* par *magìs*, et alors le *que* s'exprime toujours par *quàm* avec même cas après que devant.

Ex. Il est plus pieux que vous, *magìs pius est quàm tu*.

REMARQUE. Presque tous les adjectifs qui finissent par *eus*, *ius*, *uus*, n'ont ni comparatif ni superlatif en latin.

IV. *Majori virtute præditus.* — Quand l'adjectif françois se rend en latin par deux mots, (un adjectif et un nom) l'on exprime *plus* par *major*, *majus*; *moins* par *minor*, *minus*, que l'on fait accorder avec le nom.

Ex. Plus vertueux, *majori virtute præditus*, et non pas *magìs virtute præditus*; moins vertueux, *minori virtute præditus*.

V. *Doctior est quàm putas.* — Si le *que* après le comparatif est suivi d'un verbe, on exprime toujours *que*, et l'on met en latin le même temps que dans le françois.

Ex. Il est plus savant que vous ne pensez, *doctior est quàm putas.* (*Ne* qui suit le comparatif françois ne s'exprime point en latin.)

Rien n'est plus honteux que de mentir, *nihil turpius est quàm mentiri*.

SUPERLATIF.

I. *Altissima arborum,* ou *ex arboribus,* ou *inter arbores.* — *Règle.* Le superlatif veut le nom *pluriel* qui le suit au génitif, ou à l'ablatif avec *ex,* ou à l'accusatif avec *inter.*

Ex. Le plus haut des arbres, *altissima arborum* ou *ex arboribus,* ou *inter arbores.*

REMARQUE. Le superlatif prend le même genre que le nom pluriel qui le suit : *altissima* est du féminin, parce que le régime *arborum* est du féminin.

Mais si le régime du superlatif étoit un nom *singulier,* le superlatif ne s'accorderoit pas en genre avec ce nom, et alors il ne gouverne que le génitif.

Ex. Le plus riche de la ville, *ditissimus urbis ;* (on sous-entend *homo,*) c'est-à-dire, l'homme le plus riche de la ville.

II. Validior *manuum.* Quand on ne parle que de deux choses, au lieu du superlatif qui est dans le françois on met le comparatif en latin.

Ex. La plus forte des deux mains, *validior manuum.*

III. Maximè omnium *conspicuus.* Quand l'adjectif latin n'a point de superlatif, on se sert de *maximè* avec le positif.

Ex. Le plus remarquable de tous, *maximè omnium conspicuus.*

REMARQUE. Les noms que l'on appelle *partitifs,* c'est-à-dire, qui marquent la partie d'un plus grand nombre, comme *unus, quis, aliquis, nemo,* etc., gouvernent le même cas que le superlatif.

6

Ex. Un des soldats, *unus militum,* ou *ex militibus,* ou *inter milites.*

Qui de nous, *quis nostrûm,* et non pas *nostri ;* qui de vous, *quis vestrûm :* (on ne se sert de *nostri, vestri,* qu'après un verbe ou un nom qui n'est point partitif.) *

* Quand le superlatif pluriel en françois n'est pas suivi d'un génitif, il faut ajouter *quisque* au superlatif latin : les plus honnêtes gens le favorisent, *optimus quisque illi favet.*

SYNTAXE DES VERBES.

Accord du verbe avec le nominatif, ou sujet.

I. Ego *audio.*—*Regle.* Tout verbe, quand il n'est pas à l'infinitif, s'accorde avec son nominatif en nombre et en personne.

Ex. J'écoute, *ego audio ;* vous enseignez, *tu doces ;* il lit, *ille legit.*

REMARQUE. On sous-entend ordinairement le pronom nominatif : ainsi l'on dit simplement *audio, doces, legit ;* il faut cependant l'exprimer, quand il y a deux verbes dont le sens est opposé, ou quand la phrase contient quelque chose de vif.

Ex. Vous riez, et je pleure, *tu rides, ego fleo.*

Vous osez parler ainsi? *tu loqui sic audes?*

II. Petrus et Paulus *ludunt.* — *Règle.* Quand un verbe a deux nominatifs singuliers on met ce verbe au pluriel, parce que deux singuliers valent un pluriel.

Ex. Pierre et Paul jouent, *Petrus et Paulus ludunt.*

III. Ego et tu *valemus.* — *Règle.* Si les nominatifs d'un même verbe sont de différentes personnes, le verbe prend la plus noble des deux personnes ; la première est plus noble que les deux autres, la seconde est plus noble que la troisième.

Ex. Vous et moi nous nous portons bien, *ego et tu valemus.*

Vous et votre frère vous causez, *tu frater-que garritis.*

REMARQUE. En françois la première personne se nomme après les autres ; c'est le contraire en latin.

IV. Turba *ruit,* ou *ruunt.* — *Règle.* Quand le nominatif est un nom *collectif,* le verbe peut se mettre au pluriel. (On appelle *collectif* un nom qui, quoiqu'au singulier, signifie plusieurs personnes ou plusieurs choses.) Exemple. La foule se précipite, *turba ruunt,* ou *ruit.*

RÉGIME DES VERBES.
Verbes qui gouvernent l'accusatif.

I. Amo *Deum.* — *Règle.* Tout verbe actif gouverne l'accusatif.

Ex. J'aime Dieu, *amo Deum;* vous instruisez les enfans, *doces pueros;* il écoute le maître, *audit magistrum.*

II. Imitor *patrem.* — Plusieurs verbes déponens ont la force des verbes actifs, et gouvernent l'accusatif.

Ex. J'imite mon pere, *imitor patrem;* nous admirons la vertu, *miramur virtutem.*

III. Musica *me juvat,* ou *delectat.* — Les verbes *juvat, delectat,* il fait plaisir; *manet,* il est réservé; *decet,* il convient, et *fugit, fallit, præterit,* employés pour exprimer le verbe françois *ignorer,* veulent au nominatif le nom de la chose qui fait plaisir, qui convient, *etc.*, et le nom de la personne à l'accusatif.

Ex. La musique me fait plaisir, *mot à mot*, me réjouit, *musica me juvat*, ou *delectat*.

Une gloire éternelle nous est réservée, *mot à mot*, nous attend, *gloria œterna nos manet.*

Quand *attendre* a pour nomin. un nom de chose on l'exprime par *manere;* quand c'est un nom de personne, par *expectare.*

Nous ignorons bien des choses, *mot à mot*, bien des choses nous échappent, nous trompent, nous passent, *multa nos fugiunt, fallunt, prœtereunt.*

Vous savez cela, *ou* vous n'ignorez pas cela, *id te non fugit, fallit, prœterit.*

Verbes qui gouvernent le datif.

I. Studeo *grammaticœ.* —*Règle.* La plupart des verbes neutres gouvernent le datif.

Ex. J'étudie la grammaire, *studeo grammaticœ.*

Nous favorisons la noblesse, *favemus nobilitati.*

Il a contenté le maître, *satisfecit prœceptori.*

II. Defuit *officio.* —Les composés du verbe *sum* gouvernent le datif; excepté *absum*, qui veut l'ablatif avec *à* ou *ab.*

Ex. Il a manqué à son devoir, *defuit officio.*

Il étoit présent à ce spectacle, *aderat huic spectaculo.*

III. Les trois verbes *imminere, impendere, instare,* gouvernent le datif.

Ex. Un grand malheur vous menace, *magna calamitas tibi imminet, impendet, instat.*

REMARQUE. Quand le verbe *menacer* a pour nominatif un nom de chose inanimée , c'est-à-dire, sans vie, on l'exprime par *imminere, impendere instare.*

IV. Id mihi *accidit, evenit, contingit.* — Les verbes *accidit, evenit, contingit,* il arrive; *conducit, expedit,* il est avantageux; *placet,* il plaît, etc., veulent le nom de la personne au datif.

Ex. Cela m'est arrivé, *id mihi accidit;* cela vous est avantageux, *hoc tibi expedit.*

V. Homo irascitur *mihi.* — Les verbes déponens *irasci,* se mettre en colere; *blandiri,* flatter; *opitulari,* secourir; *minari,* menacer, etc., gouvernent le datif.

Ex. Cet homme se fâche contre moi, *homo irascitur mihi;* il me menace, *minatur mihi.*

REMARQUE. Le verbe *menacer* s'exprime par *minari* quand il a pour nominatif un nom de personne.

VI. Est *mihi* liber. — Quand on se sert du verbe *sum* pour signifier *avoir,* on met le nom de la personne au datif.

Ex. J'ai un livre; *tournez,* un livre est à moi, *liber est mihi.*

VII. Hoc erit *tibi dolori.* — Quand on se sert du verbe *sum* pour signifier *causer, apporter, procurer,* il gouverne deux datifs.

Ex. Cela vous causera de la douleur; *tournez,* cela sera à douleur à vous, *hoc erit tibi dolori.*

Les verbes *do, verto, tribuo,* suivent la même regle.

Ex. Il m'a fait un crime de ma bonne foi, *crimini dedit mihi meam fidem.*

Blâmer quelqu'un de quelque chose, *vitio vertere aliquid alicui ;* c'est-à-dire, tourner à défaut à quelqu'un.

Verbes qui gouvernent l'ablatif.

I. Abundat *divitiis, nullâ re* caret.

Règle. Les verbes neutres qui signifient *abondance* ou *disette* gouvernent ordinairement l'ablatif.

Ex. Il regorge de biens, *abundat divitiis.*

Il ne manque de rien, *nullâ re caret.*

Le verbe *gaudere,* se réjouir, gouverne aussi l'ablatif : se réjouir du bonheur d'autrui, *gaudere felicitate alienâ.*

II. Fruor *otio.* — Les sept verbes déponens qui suivent, et leurs composés, gouvernent l'ablatif ; *fruor otio ,* je jouis du repos ; *fungor officio ,* je m'acquitte du devoir ; *potior urbe ,* je suis maître de la ville ; *vescor pane,* je me nourris de pain ; *utor libris ,* je me sers de livres ; *gloriari alienis bonis,* se glorifier des avantages d'autrui ; *lœtor hâc re,* je me réjouis de cela.

Verbes qui gouvernent le génitif.

Le verbe *misereri,* avoir pitié, gouverne le génitif.

Ex. Ayez pitié des pauvres, *miserere pauperum.*

Oblivisci, oublier ; *recordari, meminisse,* se souvenir, gouvernent le génitif ou l'accusatif.

Ex. Je me souviens des vivans, et je ne

puis oublier les morts, *vivorum memini nec possum oblivisci mortuorum* ou *mortuos.*

REGIME INDIRECT DES VERBES.

Il y a des verbes qui, outre l'accusatif, que l'on appelle *régime direct*, gouvernent un autre nom, que l'on appelle leur *régime indirect :* ce régime indirect des verbes est marqué en françois par *à, au, aux,* ou par *de, du, des.*

I. Do vestem *pauperi.* — *Règle.* Les verbes qui signifient *donner, dire, promettre,* etc. veulent au datif leur régime indirect marqué par *à.*

Ex. Je donne un habit au pauvre, *do vestem pauperi.*

Dieu promet une vie éternelle au juste, *Deus vitam æternam justo promittit.*

Minari mortem *alicui.* — *Même règle.* Les verbes déponens *minari,* menacer, *gratulari,* féliciter, veulent le nom de la chose à l'accusatif, et le nom de la personne au datif.

Ex. Menacer quelqu'un de la mort ; *tournez,* menacer la mort à quelqu'un, *minari mortem alicui.*

Féliciter quelqu'un d'une victoire ; *tournez,* complimenter la victoire à quelqu'un, *gratulari victoriam alicui.*

II. Hæc via ducit *ad virtutem.* — Quand le verbe signifie quelque mouvement, comme *conduire à...* ou une inclination vers quelque chose, comme *exhorter à, exciter à, etc.* le régime indirect se met à l'accusatif avec *ad.*

Ex. Ce chemin conduit à la vertu , *hæc via ducit ad virtutem.*

Je vous exhorte au travail, *te hortor ad laborem.*

III. Doceo *pueros grammaticam.* — Les verbes *docere,* instruire ; *rogare,* prier ; *celare,* cacher, veulent deux accusatifs, le nom de la personne et celui de la chose.

Ex. J'enseigne la grammaire aux enfans ; *tournez,* j'instruis les enfans sur la grammaire, *doceo pueros grammaticam.*

REMARQUE. *Grammaticam* est à l'accusatif, à cause d'une préposition sous-entendue, *ad* ou *secundùm.*

IV. Scribo *ad te,* ou *tibi* epistolam. — Les trois verbes *scribo,* j'écris ; *mitto,* j'envoie ; *fero,* je porte, veulent leur régime indirect à l'accusatif avec *ad* ou au datif.

Ex. Je vous écris une lettre, *scribo ad te,* ou *tibi epistolam.*

V. Accepi litteras *à patre meo.* — Les verbes *demander, recevoir, emprunter, acheter, espérer, attendre, obtenir,* etc. veulent leur régime indirect à l'ablatif, avec *à,* ou *ab.*

Ex. J'ai reçu une lettre de mon père, *accepi litteras à patre meo.*

Il a demandé une grace au roi, *petivit beneficium à rege.*

Si le régime indirect du verbe *recevoir* est une chose inanimée, on le met à l'ablatif avec *è* ou *ex :* on fait de même après les verbes *allumer à, pendre à, juger à, puiser à*, etc.

Ex. J'ai reçu une grande joie de votre lettre, *accepi magnam voluptatem ex tuis litteris.*

Puiser de l'eau à une fontaine, *haurire aquam ex fonte.*

VI. Id audivi *ex amico*, ou *ab amico meo.*

Les verbes *audire*, apprendre, *quærere*, s'informer, veulent leur régime indirect à l'ablatif avec *à* ou *ab*, *è* ou *ex ;* mais après *cognoscere*, apprendre, c'est toujours *è*, *ex.*

Ex. J'ai appris cela de mon ami, *id audivi ex*, ou *ab amico meo.*

J'ai connu par votre lettre, *ex litteris tuis cognovi.*

VII. Christus redemit hominem *à morte.*

Les verbes *délivrer*, *racheter*, *éloigner*, *arracher*, *ôter*, *séparer*, *détourner*, etc. veulent leur régime indirect à l'ablatif, avec *à* ou *ex*, et quelquefois sans préposition.

Ex. Jésus-Christ a racheté l'homme de la mort, *Christus redemit hominem à morte.*

Délivrer quelqu'un de la servitude, *eximere aliquem à*, ou *ex servitute*, ou *servitute* sans préposition.

VIII. Implere dolium *vino.* — Les verbes d'*abondance*, de *disette* et de *privation*, veulent leur régime indirect à l'ablatif sans préposition.

Ex. Emplir un tonneau de vin, *implere dolium vino.*

Combler quelqu'un de bienfaits, *cumulare aliquem beneficiis.*   6*

Priver quelqu'un de secours, *nudare aliquem præsidio.*

IX. Admonui eum *periculi,* ou *de periculo.* — Les verbes *avertir, informer,* veulent leur régime indirect marqué par *de* au génitif, ou à l'ablatif avec *de.*

Ex. Je l'ai averti du danger, *admonui eum periculi,* ou *de periculo.*

Plût à Dieu que j'eusse été informé de votre dessein ! *utinam factus essem tui consilii certior !*

REMARQUE. Avec *moneo* l'on met bien les accusatifs neutres, *hoc, id, illud, unum ;* je les avertis de cela, *hoc eos moneo ;* d'une chose, *unum,* sous-entendu *secundùm.*

X. Insimulare aliquem *furti,* ou *furto.*

Les verbes *accuser, condamner, absoudre, convaincre,* veulent leur régime indirect au génitif ou à l'ablatif, mais mieux au génitif.

Ex. Accuser quelqu'un de larcin, *insimulare aliquem furti,* ou *furto* sous-ent. *de.*

Absoudre quelqu'un d'un crime, *absolvere aliquem criminis,* ou *crimine.*

Iere REMARQUE. Avec le verbe *condamner,* le nom de la peine particulière et déterminée se met à l'accusatif avec *ad.*

Ex. Condamner quelqu'un aux galères, *damnare aliquem ad triremes ;* à tourner la meule, *ad molam.*

IIe REMARQUE. Les verbes *accuser, condamner,* suivis d'un infinitif, s'expriment, *accuser* par *arguere,* et *condamner* par *jubere,* avec l'infinitif latin.

Ex. Il est accusé d'avoir trahi la république, *arguitur prodidisse rempublicam ;* il fut condamné à sortir de la ville, *tournez,* il reçut ordre de sortir de la ville, *jussus est ab urbe discedere.*

Deus *amat* virum bonum , *illique favet.*

Quand deux verbes n'ont qu'un régime en françois, et que les verbes latins gouvernent différens cas, on met le nom au cas du premier verbe , et l'on se sert d'un des pronoms *is, ille , ipse ,* pour le mettre au cas du second,

Ex. Dieu aime et favorise l'homme de bien. *dites ,* Dieu aime l'homme de bien, et le favorise, *Deus amat virum bonum , illique favet.*

RÉGIME DES VERBES PASSIFS.

I. Amor *à Deo.* — *Règle.* Le régime du verbe passif se met à l'ablatif avec *à* ou *ab ,* quand c'est un nom de chose animée.

Ex. Je suis aimé de Dieu , *amor à Deo.*

II. *Mœrore* conficior.—Quand le régime du verbe passif est un nom de chose inanimée , on met l'ablatif sans préposition.

Ex. Je suis accablé de chagrin ; *mœrore conficior.*

REMARQUE. Avec *probor, improbor, videor,* et les participes en *dus, da, dum,* l'on met mieux le nom au datif qu'à l'ablatif. Ex. Ce sentiment n'est approuvé ni de lui, ni de nous, *hæc sententia neque nobis , neque illi probatur.* Je dois pratiquer la vertu , *mihi colenda est virtus ,* c'est-à-dire la vertu est devant être pratiquée à moi.

RÉGIME DES VERBES
PERTINET, ATTINET, SPECTAT.

Hoc *ad me* pertinet. — Les trois verbes *pertinere ,* appartenir , *attinere , spectare ,* regarder , avoir rapport à , veulent le nom de la personne à l'accusatif avec *ad.*

Ex. Cela me regarde ou m'appartient, *hoc ad me pertinet ,* ou *spectat ;* pour ce qui me regarde, *quod ad me attinet.*

RÉGIME DES IMPERSONNELS

POENITET, *PUDET*, *PIGET*, etc.

I. Me *pœnitet culpœ meœ.*—Les cinq verbes *pœnitet, pudet, piget, tœdet, miseret,* veulent à l'accusatif le nom ou pronom qui précede le verbe françois, et au génitif le nom qui le suit.

Ex. Je me repens de ma faute, *me pœnitet culpœ meœ.*

Le roi a pitié de cet homme, *regem miseret hominis.*

II. *Incipit me pœnitere culpœ meœ.* Tous les verbes, excepté *volo, nolo, malo, audeo, cupio,* deviennent impersonnels devant *pœnitet, pudet,* etc., c'est-à-dire qu'on les met à la troisieme personne du singulier, et le nom qui les précede se met à l'accusatif. Ex. Je commence à me repentir de ma faute, *incipit me pœnitere culpœ meœ.*

Vous devez avoir honte de votre paresse, *debet te pudere tuœ negligentiœ.*

Régime des verbes Refert, Interest, *il importe à, il est important à, il est de l'intérêt de.*

I. Refert, Interest *regis.* — Les verbes *refert, interest,* veulent au génitif le nom qui suit le verbe françois *il importe.*

Ex. Il importe au roi, *refert* ou *interest regis.*

REMARQUE. L'on sous-entend *re* ou *causâ* devant ce génitif. *nterest* (causâ) *regis,* il importe pour le roi.

II. Refert, interest *meâ*, *tuâ*, *nostrâ*, *vestrâ*, *suâ*.

Avec *refert*, *interest*, ces pronoms *me*, *te*, *nous*, *vous*, *lui*, *leur*, s'expriment par *meâ*, *tuâ*, *nostrâ*, *vestrâ*, *suâ*: on sous-entend *causâ*.

Ex. Il m'importe, *refert*, *interest meâ*: il vous importe, *tuâ*; il nous importe, *nostrâ*.

Le maître croit qu'il lui importe, *en latin on dit:* le maître croit importer à soi, *magister credit suâ referre*. (On ne met *suâ* que quand *lui* se rapporte au nominatif de la phrase; autrement ce seroit *ejus*.)

III. Si après *il importe* ces pronoms *à moi, à toi*, etc. sont suivis d'un adjectif ou d'un nom, l'on met au génitif cet adjectif ou ce nom.

Ex. Il importe à vous seul, *interest tuâ unius*.

Il importe à moi César, *refert meâ Cæsaris*.

IV. Ces phrases : il nous importe *à tous deux;* il vous importe, il leur importe *à tous deux*, se tournent ainsi:

Il importe *à l'un et à l'autre* de nous, de vous, d'eux, *utriusque nostrûm*, *vestrûm*, *illorum interest*.

V. Lorsque les verbes *refert*, *interest*, ont pour régime un nom de chose inanimée, on met ce nom à l'accusatif avec *ad*.

Ex. Il importe à notre honneur, *ad honorem nostrum interest*.

Régime du verbe Impersonnel Est : il appartient à.

I. Est *regis*. — Le verbe impersonnel *est*
veut au génitif le nom qui suit le verbe
françois.

Ex. Il est d'un roi, il appartient à un roi de
défendre ses sujets, *est regis tueri subditos.*

Remarque. On sous-entend *negotium* devant ce génitif,
c'est comme s'il y avoit : *est negotium regis*, c'est l'affaire
d'un roi.

II. *Est meum, tuum, nostrum, vestrum,
suum.*

Quand on se sert du verbe *est* pour exprimer *il appartient à, c'est à,* ces pronoms *à
moi, à toi, à nous, à vous, à lui, à eux,* se
rendent en latin par *meum, tuum, nostrum,
vestrum, suum.*

Ex. C'est à moi de parler, *ou* il m'appartient
de parler, *meum est loqui* (sous-entendu
negotium.

Le maître croit que c'est à lui de..... ou qu'il
lui appartient de... *tournez,* le maître croit
être son affaire, *magister credit suum esse.*
(On ne met *suum* que quand *lui* se rapporte
au nominatif de la phrase, autrement ce
seroit *ejus.*)

III. Mais si ces pronoms *à moi, à toi,* etc.
peuvent se tourner par *mien, tien, notre,
votre,* on les exprime par *meus, tuus, noster,
vester,* que l'on fait accorder avec le nom.

Ex. Ce livre est à moi ; *tournez,* ce livre
est le mien, *hic liber est meus.*

Régime de l'Impersonnel Opus est : il est besoin.

Mihi opus est *amico*. — *Règle*. Quand on exprime *avoir besoin* par l'impersonnel *opus est*, on met en latin au datif le nom ou pronom qui précède le verbe françois, et à l'ablatif le nom qui le suit.

Ex. J'ai besoin d'un ami ; *tournez*, besoin est à moi, *mihi opus est amico*, sous-entendu *uti*, de me servir.

Régime du verbe Interdico.

Interdico tibi *domo meâ*. — Le verbe *interdico* veut le nom de la personne au datif, et le nom de la chose à l'ablatif.

Ex. Je vous interdis ma maison, *interdico tibi domo meâ*, sous-ent. *uti*, de vous servir.

Régime d'un verbe sur un autre verbe.

I. Amat *ludere*. — *Règle*. Quand deux verbes sont de suite, et que le premier ne marque point de mouvement, on met le second à l'infinitif.

Ex. Il aime à jouer, *amat ludere*.

Il cessa de parler, *desiit loqui*.

II. Eo *lusum*. — Si le premier verbe signifie mouvement pour aller ou venir en quelque lieu, on met le second au supin en *um*.

Ex. Je vais jouer, *eo lusum*. Je viens jouer, *venio lusum*.

Rem. Quand le second verbe n'a point de supin il faut le tourner par *pour*, et l'exprimer par *ad* avec le gérondif en *dum*, ou par *afin que*, et l'exprimer par *ut* avec le subjonctif.

Ex. Je viens étudier ; *tournez*, pour étudier, *venio ad studendum*, ou afin que j'é-

tudie, *venio ut studeam :* (le verbe *studeo*
n'a point de supin.)

III. Redeo *ab ambulando.* — Lorsque
deux verbes sont de suite, et que le premier
signifie mouvement pour venir de quelque
lieu, on met le second au gérondif en *do*,
avec *à* ou *ab*.

Ex. Je reviens de me promener, *redeo ab
ambulando.*

REMARQUE. Si le second verbe a un régime, et qu'il gouverne l'accusatif, il est mieux de se servir du participe en
dus, da, dum, et alors on met le participe et le régime à
l'ablatif avec *à* ou *ab*, en les faisant accorder.

Ex. Je revenois de visiter mes terres, *redi-
bam ab agris invisendis.*

IV. Te hortor *ad legendum.* — *Règle.*
Après les verbes qui signifient mouvement
vers quelque lieu, ou inclination vers quelque chose, comme *pousser à, exhorter à,* etc.
on exprime *à* par *ad,* et l'on met le verbe au
gérondif en *dum.*

Ex. Je vous exhorte à lire, *te hortor ad
legendum ;* à lire l'histoire, *ad legendum
historiam.*

REMARQUE. Si le second verbe a un régime, et qu'il gouverne l'accusatif, il est mieux de se servir du participe en *dus,*
da, dum, que l'on met à l'accusatif avec *ad,* en le faisant accorder avec son régime.

Ex. Je vous exhorte à lire l'histoire, *te
hortor ad legendam historiam.*

V. Consumit tempus *legendo.* — Quand
à devant un infinitif françois peut se tourner
par *en* et le participe présent, on met cet infinitif au gérondif en *do*, avec ou sans la préposition *in*.

Ex. Il passe son temps à lire ; *tournez,* en

lisant, *consumit tempus legendo ;* à lire l'histoire, *legendo historiam*, et mieux, *in legendâ historiâ.*

VI. Dedit mihi libros *legendos.* — Quand *à* devant un infinitif françois peut se tourner par *pour* avec l'infinitif passif, on se sert du participe en *dus, da, dum,* que l'on fait accorder avec le nom qui précede.

Ex. Il m'a donné des livres à lire, *c'est-à-dire,* pour être lus, *dedit mihi libros legendos.*

VII. Vidi eum *ingredientem.* — Après les verbes *voir, sentir, écouter, entendre, admirer,* l'infinitif françois se met en latin au participe présent, que l'on fait accorder avec le régime des verbes *voir, sentir,* etc.

Ex. Je l'ai vu entrer; *tournez,* j'ai vu lui entrant, *vidi eum ingredientem :* vous l'entendrez parler, *illum loquentem audies.*

SYNTAXE DES PRONOMS.
Accord du pronom avec l'antécédent.

I. Deus *qui* regnat. — *Regle.* Le pronom relatif *qui, quæ, quod,* s'accorde en genre et en nombre avec le nom ou pronom qui précede, et que l'on nomme *antécédent.*

Ex. Dieu qui règne, *Deus qui regnat;* ma mère qui est malade, *mater mea quæ ægrotat;* l'animal qui court, *animal quod currit.*

Il importe à moi qui enseigne, *refert meâ qui doceo ;* (*meâ* tient lieu du genitif *meî.*)

II. Pater et mater *quos amo.* — Quand le relatif *qui, quæ, quod,* a deux antécédens, on le met au pluriel, et si les antécédens sont de différens genres, le relatif s'accorde avec le plus noble.

Ex. Le père et la mère que j'aime, *pater et mater quos amo.*

III. Virtus et vitium *quæ* sunt *contraria.*

Si les deux antécédens sont des choses inanimées, le relatif se met au pluriel neutre.

Ex. La vertu et le vice qui sont opposés, *virtus et vitium quæ sunt contraria.*

A quel cas faut-il mettre le relatif *qui, quæ, quod ?* *

* RÈGLE GÉNÉRALE. Le relatif se met au cas où l'on mettroit l'antécédent, dont il tient la place ; pour le connoître il n'y a qu'à exprimer cet antécédent au lieu du relatif qui le représente.

REGLES PARTICULIERES.

I. Qui *relatif.* — *Qui* se met au nominatif, comme on voit par l'exemple, *Deus qui regnat.*

Cependant lorsque le verbe latin veut à un autre cas le nom qui est au nominatif en françois, alors le *qui* relatif se met au cas que le verbe latin demande.

Ex. L'enfant qui se repent, *puer quem pœnitet;* je mets *quem,* parce que les verbes *pœnitet, pudet, tœdet,* etc. veulent à l'accusatif latin le nom ou pronom qui précede le verbe françois *se repentir,* etc.

Le maître qui a besoin, *magister cui opus est :* je mets *cui,* parce qu'avec *opus est* le nominatif françois se met au datif en latin ; le roi qui a intérêt, c'est à-dire, à qui il importe, *rex cujus interest.*

REMARQUE. Si le *qui* françois peut se tourner par *celui que,* mettez-le au cas que gouverne le verbe précédent.

Ex. Envoyez qui vous voudrez; *tournez,* celui que vous voudrez, *mitte quem voles.* (Sous-entendu *mittere.*)

II. *Que relatif.* — *Que* relatif se met toujours au cas du verbe suivant.

Ex. Dieu que j'aime, *Deus quem amo ;* la grammaire que j'étudie, *grammatica cui studeo.*

La grammaire que je veux étudier, *grammatica cui volo studere ;* (*cui,* parce qu'il est régime du second verbe.)

REMARQUE. Si le *que* relatif est gouverné par deux verbes qui veulent différens cas, on l'exprime deux fois, et on le met au cas de chaque verbe.

Ex. Les pauvres que nous devons aimer et secourir, *pauperes quos amare et quibus opitulari debemus.* *

III. *Dont,* ou *de qui.* — *Dont, de qui,* est toujours gouverné par le mot de la phrase après lequel on peut mettre par interrogation *de qui, de quoi.* Ce mot est ou un nom, ou un adjectif, ou un verbe.

1°. Quand *dont* est gouverné par un nom, il se met au génitif.

Ex. Dieu dont nous admirons la providence: (on peut demander *la providence de qui?*) *Deus cujus providentiam miramur.*

---

* *Qui, quæ, quod,* entre deux noms auxquels il se rapporte également, s'accorde mieux avec celui qui suit. *Ex.* L'animal que nous appelons lion, *animal quem vocamus leonem.*

Il est élégant de n'exprimer l'antécédent qu'après le *qui* ou *que* relatif, et alors on met l'antécédent au même cas que le relatif. *Ex.* La lettre que vous avez écrite m'a été très agréable. Au lieu de dire : *litteræ quas scripsisti, mihi fuerunt jucundissimæ,* dites, *quas scripsisti litteras, eæ mihi fuerunt jucundissimæ.*

2°. Quand *dont* est gouverné par un adjectif, il se met au cas que régit cet adjectif.

Ex. La récompense dont vous êtes digne (on peut demander *digne de quoi?*) *merces quâ dignus es.*

3°. Quand *dont* est gouverné par un verbe, il se met au cas du verbe.

Ex. Les livres dont je me sers, *libri quibus utor.*

IV. *A qui.* — *A qui* se met au cas que demande le verbe ou l'adjectif auquel il se rapporte.

Ex. L'homme à qui vous avez rendu service, *homo cui officium præstitisti,* ou par un autre cas, *homo in quem officium contulisti.*

L'enfant à qui cela est utile, *puer cui id utile est.*

V. *Par qui.* — *Par qui,* suivi d'un verbe passif, se met à l'ablatif avec *à.*

Ex. Romulus par qui Rome fut fondée, *Romulus à quo Roma condita fuit.*

Par qui signifiant *par le moyen duquel,* s'exprime par *per* avec l'accusatif.

Ex. Celui par qui j'ai obtenu ma grace, *c'est-à-dire,* par le moyen duquel; *is per quem veniam impetravi.*

PRONOMS *me, te, se, nous, vous, le, la, les, en, y.*

I. Les pronoms *me, te, se, nous, vous,* se mettent au cas que gouverne le verbe ou l'adjectif auquel ils se rapportent.

Ex. Il m'a obéi, *c'est-à-dire*, il a obéi à moi, *mihi paruit.* Je vous ai donné un livre, *c'est-à-dire*, j'ai donné à vous, *tibi dedi librum.* Cela nous sera utile, *id nobis erit utile.* Vous me louez, *me laudas.* Vous me favorisez, *mihi faves.*

II. *Le, la, les* se mettent toujours au cas du verbe suivant; ils s'accordent en genre et en nombre avec le nom auquel ils se rapportent.

Ex. Je vous ai promis un livre, je vous le donnerai, *tibi promisi librum, hunc tibi dabo.*

Si *le* n'est pas précédé d'un nom auquel il se rapporte, on le tourne par *cela*, et on l'exprime par *hoc, id, illud.*

Ex. Je ne le ferai pas; *tournez*, je ne ferai pas cela, *hoc non agam.*

III. *Lui, leur*, se tournent toujours par *à lui, à elle, à eux*, et ils sont gouvernés par un verbe ou par un adjectif.

Ex. Vous lui direz; *tournez*, vous direz à lui, *dices ei.*

Cela leur est facile; *tournez*, est facile à eux, *id illis facile est.*

IV. *En* se tourne par *de lui, d'elle, d'eux, d'elles*, et il est gouverné ou par un nom, ou par un adjectif, ou par un verbe.

Ex. J'ai vu votre maison, et j'en ai admiré la beauté, *c'est-à-dire*, la beauté d'elle, *vidi tuam domum, et illius pulchritudinem miratus sum.*

Vous en êtes bien content, *illâ sanè contentus es.*

J'aime cet enfant, et j'en suis aimé, *c'est-*

à-dire, je suis aimé de lui, *puerum diligo* , *et ab eo diligor.*

V. *Y* se tourne par *à lui, à elle, à eux, à elles*, et se met au cas du verbe suivant.

Ex. L'affaire est très-importante, j'y donnerai mes soins, *c'est-à-dire*, à elle ; *res est gravissima, huic operam dabo.*

(Voyez *en, y*, dans les adverbes de lieu.)

VI. SE. — 1°. On exprime SE par *suî, sibi, se*, en le mettant au cas du verbe, quand le nominatif est une chose animée, qui fait sur elle même l'action que marque le verbe.

Ex. L'orgueilleux se loue ; comme c'est l'orgueilleux qui se loue lui-même, dites, *superbus se laudat*; il se flatte, *sibi blanditur.*

2°. Si le pronom *se* a rapport à un nominatif de chose inanimée, ou même animée, qui ne fasse pas sur elle-même l'action marquée par le verbe, on tourne ce verbe par le passif.

Ex. Ce mot se trouve dans Phèdre ; *tournez*, ce mot est trouvé, *vox illa invenitur apud Phœdrum.*

Il ne s'ébranle pas de vos menaces, *tournez*, il n'est pas ébranlé, *minis non movetur tuis.*

REMARQUE. Dans les trois phrases suivantes, les nominatifs sont regardés comme des choses animées.

Le poison se glisse dans les veines, *venenum sese in venas insinuat.* Si l'occasion se présente, *si se dederit occasio.* Si la chose se passe ainsi , *si res ità se habeat.*

3°. Quand *se* a rapport à deux nominatifs qui font l'un sur l'autre l'action que marque le verbe, on ajoute l'adverbe *invicem* au pronom *suî, sibi, se*, à moins qu'il ne soit gouverné par une préposition.

Ex. Pierre et Jean se louent, *Petrus et Joannes se invicem laudant;* ils se battent, *inter se pugnant.*

Qui *interrogatif.*

Le *Qui* interrogatif n'a point d'antécédent; on le connoît quand il peut se tourner par *quelle personne.*

I. Quis *vestrûm*, ou *ex vobis*, ou *inter vos.* —Le *qui* interrogatif s'exprime par *quis, quæ, quod*, ou *quisnam, quænam; quodnam*, et le nom pluriel qui suit se met au génitif, ou à l'ablatif avec *è, ex*, ou à l'accusatif avec *inter.*

Ex. Qui de vous? *Quis vestrûm*, ou *ex vobis*, ou *inter vos ?*

Qui est content de son sort *? Quis suâ sorte contentus est?*

II. Uter est doctior, *tu ne, an frater?*

Qui des deux, ou *lequel des deux*, s'exprime par *uter, utra, utrum*, et les deux noms qui suivent se mettent au même cas que *uter*; on met *ne* après le premier, et *an* devant le second : le superlatif françois se met au comparatif en latin.

Ex. Lequel des deux est le plus savant, de vous ou de votre frère ? *uter est doctior, tu ne, an frater ?*

III. *Qui* interrogatif est tantôt le nominatif, tantôt le régime du verbe suivant.

1°. Il est le nominatif quand on peut le tourner par *qui est celui qui...* Ex. qui vous a appelé? *c'est-à-dire*, qui est celui qui vous a... *quis te vocavit ?*

2°. Il est le régime, quand on peut le tourner par *qui est celui que...* Ex. Qui appelez-vous ? *c'est-à-dire*, qui est celui que vous... *quem vocas ?*

QUE *interrogatif.*

Le *que* interrogatif se tourne par *quelle chose*, et il s'exprime par *quid*, lorsque le verbe suivant gouverne l'accusatif.

Ex. Que faites-vous ? *tournez*, quelle chose faites-vous ? *Quid agis ?*

Mais si le verbe suivant gouverne un autre cas, il faut exprimer le mot *chose.*

Ex. Qu'étudiez-vous ? *c'est-à-dire*, quelle chose étudiez-vous? *Cui rei studes ?*

Quoi ou *que* au commencement d'une phrase, se tourne par *quelle chose*, et s'exprime par *quid.* Ex. Quoi de plus beau que la vertu? *Quid virtute pulchrius ?* Que sera-ce, si... *Quid futurum est si ?*

QUEL, QUELLE.

I. *Quel, quelle* s'expriment aussi par *quis, quæ, quod,* ou *quisnam, quænam, quodnam,* et s'accordent avec le nom suivant en genre, en nombre et en cas.

Ex. Quelle mère n'aime pas ses enfans ? *Quæ* ou *quænam mater liberos suos non amat?*

Quel avantage y a-t-il dans la vie ? *Quod commodum habet vita ?* ou mieux, *quid commodi habet vita?* (*Quel*, suivi d'un nom de chose, s'exprime mieux par *quid* avec le génitif.)

II. *Quel, quelle*, signifiant *quantième*, s'expriment par *quotus, quota, quotum*, et l'on répond par le nombre ordinal.

Ex. Quelle heure est-il? sept heures. *Quota hora est? septima.*

III. *Quel, quelle*, quand on peut ajouter le mot *grand*, s'expriment par *quantus, quanta, quantum.*

Ex. Quel malheur nous menace! c'est-à-dire, quel grand malheur! *Quanta nobis instat pernicies!*

***

QUIS TE REDEMIT? JESUS-CHRISTUS.

Règle. La réponse se met ordinairement au même cas que la demande.

Ex. Qui vous a racheté ? Jésus-Christ. *Quis te redemit ? Jesus-Christus.*

Qui a pitié des paresseux? personne. *Quem miseret pigrorum? neminem.*

REMARQUE. Le verbe de la demande est toujours sous-entendu dans la réponse; ainsi quand on dit: *qui vous a racheté?* et que l'on répond *Jésus-Christ;* c'est comme si l'on disoit: *Jésus-Christ m'a racheté.*

Cependant avec les impersonnels *est, refert, interest*, la réponse, quand elle se fait par un pronom, se met à un autre cas.

Ex. A qui importe-t-il? à moi. *Cujusnam interest? meâ.* A qui appartient-il de parler? à vous. *Cujus est loqui? tuum.*

OBSERVATION.

Quand on interroge sans négation on met

7

en latin *an*, ou *nùm* devant le premier mot,
ou *ne* après, et la réponse se fait par le verbe
de l'interrogation.

Ex. Dormez-vous ? *Nùm dormis ?* Non.
Non dormio. (*Nùm* s'emploie, quand la réponse doit être négative.)

Avez-vous vu le roi ? *Vidisti-ne regem* ?
Oui. *Vidi**.

Si l'interrogation se fait par deux négations,
ne je pas, *ne tu pas*, etc. on met *an-non* ou
nonne devant le premier mot.

Ex. N'avez-vous pas vu le roi ? *An-non*
ou *nonne vidisti regem ?* Non. *Non vidi.*

Quand on commande, le verbe se met à
l'impératif.

Ex. Laquais, chassez les mouches, *puer,
abige muscas.*

Si le verbe est à la troisième personne, on
emploie la troisième pers. du présent du subj.
et l'on n'exprime pas le *que* françois.

Ex. Qu'il s'en aille, le traître, *abeat, proditor.* Quand on défend, on met *ne* avec le subjonctif ou l'impératif; ou bien l'on se sert de
noli pour le singulier, de *nolite* pour le pluriel, avec l'infinitif.

Ex. N'insultez pas les malheureux, *ne insultes* ou *ne insulta miseris*, ou bien *noli,
nolite insultare miseris.* (On met *nolite* pour
le pluriel.)

Lorsque le verbe est à la troisième personne,
on se sert toujours de *ne* avec le subjonctif.

---

* Si l'interrogation tient lieu de *lorsque*, on l'exprime par
quùm. Avoit-il soupé, il s'en alloit; *tournez*, lorsqu'il avoit
soupé, il... *Quùm cœnaverat abibat.*

Ex. Qu'il ne dise pas, *ne dicat:* qu'il ne sorte pas de la maison, *domo ne exeat.*

SYNTAXE DES PARTICIPES.

Il y a en latin deux participes de l'actif, comme *amans,* aimant, *amaturus,* devant aimer; deux du passif, comme *amatus,* aimé; *amandus,* devant être aimé.

Les participes sont de véritables adjectifs, qui s'accordent en genre, en nombre et en cas avec le nom auquel ils se rapportent, et de plus ils gouvernent le même cas que les verbes d'où ils viennent.

I. *Participes joints au nominatif.*

Le participe qui se rapporte au nominatif du verbe, s'accorde avec ce nominatif en genre, en nombre et en cas.

Ex. Un coq cherchant de la nourriture, trouva une perle, *gallus escam quærens, margaritam reperit.*

Cicéron devant prononcer un discours, *Cicero orationem habiturus.*

L'enfant ayant été interrogé, répondit, *puer interrogatus, respondit.*

Devant être interrogé, il craignoit, *interrogandus, timebat.*

II. *Participes joints au régime du verbe.*

Le participe qui se rapporte au régime du verbe, s'accorde avec ce régime en genre, en nombre et en cas. (Le participe se rapporte ordinairement au régime du verbe, quand ce régime est un des pronoms *le, la, les, lui, leur.*)

Ex. La ville ayant été prise, l'ennemi la pilla ; *tournez*, l'ennemi pilla la ville prise, *urbem captam hostis diripuit.*

Les citoyens devant être passés au fil de l'épée, le vainqueur leur pardonna; *tournez*, le vainqueur pardonna aux citoyens devant être passés…. *Civibus ferro necandis victor pepercit.*

III. *Ablatif absolu.* — Quand le participe ne se rapporte ni au nominatif, ni au régime du verbe, on met à l'ablatif ce participe, et le nom auquel il est joint, les faisant accorder en genre et en nombre.

Ex. Les parts étant faites, le lion parla ainsi, + *partibus factis, sic locutus est leo.*

La lettre étant déjà écrite, votre esclave est venu, *scriptâ jàm epistolâ, venit puer tuus.* (Voyez *Participes françois.*)

* On sous-entend une préposition, *à partibus factis*, après les parts faites.

SYNTAXE DES PRÉPOSITIONS.

On a vu dans la premiere partie qu'il y a trente prépositions qui gouvernent l'accusatif, et quinze qui gouvernent l'ablatif.

Les prépositions servent principalement à marquer de quelle manière une chose se fait, en quel lieu, dans quel temps, c'est-à-dire, les différentes circonstances de temps, de lieu, de manière, etc. On sous-entend quelquefois les prépositions, quoiqu'elles soient toujours la véritable cause du régime. J'indiquerai entre parenthèses les préposit. sous-entendues

I. *Noms de matière.* — Vas *ex auro*. Le nom qui exprime la matière dont une chose est faite se met à l'ablatif avec *è* ou *ex*.

Ex. Un vase d'or, *vas ex auro*.

Une statue d'airain, *signum ex œre*. *

II. *Nom de mesure, de distance et d'espace.* Velum longum *tres ulnas*, ou *tribus ulnis*.

Le nom qui marque la mesure ou la distance se met à l'accusatif ou à l'ablatif sans préposition.

Ex. Un voile long de trois aunes ; *velum longum* (ad) *tres ulnas* ou (ex) *tribus ulnis*.

Il est éloigné de vingt pas, *abest* ou *distat viginti passus*, ou *viginti passibus*.

Si le nom de mesure est précédé d'un comparatif, il se met toujours à l'ablatif.

Ex. Vous n'êtes pas plus grand que moi de deux doigts, *duobus digitis major me non es*.

Le lieu précis où une chose est arrivée se met à l'ablatif sans préposition, ou à l'accusatif avec *ad*, et alors on se sert du nombre ordinal *primus*, *secundus*, *tertius*, etc.

Ex. Il est tombé à dix pas d'ici, *cecidit decimo abhinc passu*, ou *ad decimum abhinc passum*.

III. *Noms de l'instrument, de la cause, de la manière, etc.*

Le nom de l'instrument dont on se sert pour faire quelque chose, la cause pourquoi elle

* On pourroit aussi du nom de matière faire un adjectif qui doit s'accorder avec le nom. *Ex.* Un vase d'or, *vas aureum* ; une statue d'airain, *signum œneum*.

se fait, la maniere dont elle se fait, et le nom de la partie, se mettent à l'ablatif sans préposition.

Ex. *Du nom d'instrument.*

Frapper de l'épée, *ou* avec l'épée, *ferire* (cum) *gladio.*

Du nom de cause.

Il mourut de faim, (præ) *fame interiit.*

Du nom de manière.

Vous l'emportez en beauté, en grandeur, *vincis formâ, vincis magnitudine.*

Du nom de la partie.

Je tiens le loup par les oreilles, *teneo lupum auribus.*

IV. *Nom du prix, de la valeur.*—Hic liber constat *viginti assibus.*

Le nom qui marque le prix, la valeur de quelque chose, se met à l'ablatif sans préposition.

Ex. Ce livre coûte vingt sous, *hic liber constat* (pro) *viginti assibus.*

V. *Nom de temps.*

I. Veniet *die dominicâ.* — Si l'on veut marquer quand une chose s'est faite ou se fera, *quandò,* le nom de temps se met à l'ablatif sans préposition.

Ex. Il viendra dimanche, *veniet* (in) *die dominicâ;* le mois prochain, *mense proximo;* à trois heures, *horâ tertiâ.* (A la question *quandò,* l'on se sert du nombre ordinal.)

II. Regnavit *tres annos,* ou *tribus annis.*

Quand on veut marquer combien de temps une chose a duré ou durera, *quamdiù,* le nom de temps se met à l'accusatif ou à l'ablatif sans préposition, et l'on se sert du nombre cardinal.

Ex. Il a régné trois ans, *regnavit* (per) *tres annos,* ou (in) *tribus annis.*

III. *Tertium annum* regnat. — Quand on veut marquer depuis quel temps une chose se fait, *à quo tempore,* le nom de temps se met à l'accusatif, et l'on se sert du nombre ordinal ou cardinal.

Ex. Il y a trois ans qu'il règne, *tertium annum regnat.* Cic. On dit aussi *à tribus annis.* Il y a plusieurs années que je suis lié avec votre père, *multos annos utor familiariter patre tuo.*

Si le temps est passé, et qu'il ne dure plus, on met le nom de temps à l'accusatif, ou à l'ablatif avec *abhinc,* et l'on se sert du nombre cardinal.

Ex. Il y a trois ans qu'il est mort, (à) *tribus abhinc annis,* ou (antè) *tres abhinc annos mortuus est.*

IV. Id fecit *intrà tres dies.* — Quand on veut marquer en quel espace de temps une chose s'est faite ou se fera, *quanto tempore;* le nom de temps se met à l'accus. avec *intrà.*

Ex. Dieu a créé le monde en six jours, *Deus mundum creavit intrà sex dies.*

Dans suivi d'un nom de temps s'exprime par *post* avec l'accusatif, quand il peut se tourner par *après.*

Ex. Je partirai dans trois jours, c'est-à-dire après trois jours, *post tres dies proficiscar.*

Noms de lieu. — Il y a quatre questions de lieu; *ubi*, où l'on est; *quò*, où l'on va; *undè*, d'où l'on vient; *quà*, par où l'on passe.

I. QUESTION *UBI*.

Quand on marque le lieu où l'on est, où l'on fait quelque chose, c'est la question *ubi*.

Sum *in Galliâ*, *in urbe*.

1°. A la question *ubi*, le nom de lieu se met à l'ablatif avec *in*.

Ex. Je suis en France, *sum in Galliâ*; dans la ville, *in urbe*.

Il se promene dans le jardin, *ambulat in horto*. (On met *horto* à l'ablatif, parce qu'il ne sort pas du lieu.)

Natus est *Avenione*; *Athenis*.

2°. On sous-entend la préposition quand c'est un nom propre de ville.

Ex. Il est né à Avignon, *natus est Avenione*; à Athenes, *Athenis*.

Habitat *Lugduni*, *Romæ*.

3°. Si le nom propre de ville est au singulier, et de la premiere ou seconde déclinaison, on le met au génitif, (parce qu'on sous-entend *in urbe*.)

Ex. Il demeure à Lyon, *habitat Lugduni*; à Rome, *Romæ*.

Les noms *domus*, *humus*, se mettent aussi au génitif, *domi*, *humi*... Est-il à la maison? *Est-ne domi?* On dit aussi *militiæ*, *belli*, en temps de guerre, (sous-entendu *tempore*.)

Cœnabam *apud patrem*.

4°. Le nom de la personne se met à l'accusatif avec *apud*.

Ex. Je soupois chez mon père, *cœnabam apud patrem.*

II. QUESTION *QUO.*

La question *quò* se connoît lorsque le verbe signifie mouvement pour aller, venir en quelque lieu, partir pour quelque lieu.

Eo *in Galliam, in urbem.*

1°. A la question *quò*, le nom du lieu où l'on va... se met à l'accusatif avec *in*, quand on entre dans le lieu, et *ad*, quand on ne va qu'auprès.

Ex. Je vais en France, *eo in Galliam ;* à la ville, *in urbem.*

Ils vinrent au même ruisseau, *venerunt ad eumdem rivum.*

Ibo *Lutetiam, Lugdunum.*

2°. On sous-entend la préposition quand c'est un nom propre de ville, et devant *rus, domum.*

Ex. J'irai à Paris, *ibo Lutetiam ;* à Lyon, *Lugdunum.*

Je vais à la campagne, *eo rus ;* à la maison, *eo domum.*

Si l'on se sert du Verbe *petere* pour exprimer *aller*, on met toujours le nom de lieu à l'accusatif sans préposition : Je vais au Collége, *peto Collegium.*

Eo *ad patrem, ad sacram concionem.*

3°. Le nom de la personne et celui de la chose se mettent à l'accusatif avec *ad.*

Ex. Je vais chez mon père, *eo ad patrem ;* au sermon, *ad sacram concionem.*

7.

III. QUESTION *UNDE.*

La question *Undè* se connoît lorsque le verbe signifie mouvement pour partir, ou venir de quelque lieu.

Redeo *ex Galliâ, ex urbe.*

1°. A la question *undè,* le nom du lieu d'où l'on part, d'où l'on vient, se met à l'ablatif avec *è* ou *ex.*

Ex. Je reviens de la France, *redeo ex Galliâ;* de la ville, *ex urbe.*

Il est sorti de sa chambre, *egressus est è cubiculo.*

Redeo *Lugduno, Româ.*

2°. On sous-entend la préposition, quand c'est un nom propre de ville, et devant *rure, domo.*

Ex. Je reviens de Lyon, *redeo Lugduno;* de Rome, *Româ;* de la campagne, *rure;* de la maison, *domo.*

Venio *à patre, à venatione.*

3°. Le nom de la personne, et celui de la chose, se mettent à l'ablatif avec *à* ou *ab.*

Ex. Je viens de chez mon père, *venio à patre;* de la chasse, *à venatione.*

IV. QUESTION *QUA.*

Quand on marque le lieu par où l'on passe, c'est la question *quà.*

Iter feci *per Galliam, per Lugdunum.*

A la question *quà,* tous les noms des lieux par où l'on passe, se mettent à l'accusatif avec *per.*

Ex. J'ai passé par la France , *iter feci per Galliam ;* par Lyon, *per Lugdunum.*

Quand on se sert de *transire,* verbe composé de *ire*, aller, et *trans*, au-delà, on met l'accusatif sans la préposition *per :* il passa par la ville, *transiit urbem.*

Iter faciam *per domum avunculi mei.*

Par chez avec un nom de personne , se tourne ainsi : par la maison de, et se dit en latin *per domum.*

Ex. Je passerai par chez mon oncle , *iter faciam per domum avunculi mei.*

REMARQUE. Quand, après un nom propre de ville , se trouve le nom commun , *ville, endroit,* on met d'abord le nom propre au cas marqué dans chaque Question; mais on exprime la préposition devant le nom commun.

Ex. Ils s'arrêtèrent à Corinthe, lieu célebre, *constiterunt Corinthi, in loco nobili.*

Je vais à Rome, ville d'Italie, *eo Romam, in urbem Italiæ.*

Je reviens de Lyon, ville de France, *redeo Lugduno , ex urbe Galliæ.*

Si le nom commun *ville ,* est devant le nom propre, il faut exprimer la préposition, et mettre le nom propre au cas de la préposition.

Ex. Il demeure dans la ville de Lyon, *habitat in urbe Lugduno.*

Domus et *rus ,* suivis d'un génitif ou d'un adjectif, prennent la préposition. Il demeure dans la maison de César, dans une campagne agréable, *habitat in domo Cæsaris , in rure amœno.*

ADVERBES DE LIEU.

QUESTION Ubi.	QUESTION Quò.	QUESTION Undè.	QUESTION Quá.
Où, ubi.	Où, quò.	D'où, undè.	Par où, quà.
Ici où je suis, hic.	Ici où je suis, huc.	D'ici où je suis, hinc.	Par ici où je suis, hàc.
Là où tu es, istic.	Là où tu es, istuc.	De là où tu es, istinc.	Par-là où tu es, istàc.
Là où il est, illic.	Là où il est, illuc.	De là où il est, illinc.	Par-là où il est, illàc.
Là, y, ibi.	Là, y, eò.	De là, en, indè.	Par-là, y, eà.
Ailleurs, alibi.	Ailleurs, aliò.	De quelque part, alicundè.	Par quelque endroit, aliquà.
Quelque part, alicubi, uspiam.	Quelque part, quòpiam.	De quelqu'endroit que ce soit, undecumque.	Par quelque endroit que ce soit, quàcumque.
Par-tout où, en quelque lieu que ce soit, ubicumque.	Par-tout où, en quelque lieu que ce soit, quòcumque.		
Là même, ibidem.	Là même, eòdem.	Du même lieu, indidem.	Par le même lieu, eàdem.
Nulle part, nusquàm.	Nulle part, nusquàm.		
Dehors, foris.	Dehors, foràs.		
Dedans, intùs.	Dedans, intrò.		

SYNTAXE DES ADVERBES.

Régime. Les adverbes de quantité gouvernent le génitif.

Ex. Peu de vin, *parùm vini.*
Beaucoup d'eau, *multùm aquæ.*
Plus de force, *plus virium.*
Moins de vertu, *minùs virtutis.*
Assez de paroles, *satis verborum.*
Trop de piéges, *nimis insidiarum.*

Les adverbes de temps et de lieu gouvernent le génitif.

Ex. En quel lieu du monde? *ubi terrarum?*
Nulle part, en aucun lieu du monde, *nusquàm gentium.* Pridiè, la veille, *postridiè,* le lendemain, veulent le génitif ou l'accusatif. *Ex.* Le jour de devant les Calendes, *pridiè Calendarum* ou *Calendas.* (On sous-entend *antè.*) Le jour d'après les Ides, *postridiè Iduum* ou *Idus.* (Sous-entendu *post.*)

En , ecce, voici, voilà, veulent après eux le nominatif ou l'accusatif : voici, voilà le loup: *en, ecce lupus,* (sous-entendu *adest*) ; *en, ecce lupum ,* (sous-entendu *aspice.*)

Ergo, employé pour *causâ ,* veut le génitif et se met après son régime; à cause de lui, ou pour l'amour de lui , *illius ergo.*

Instar , comme, veut le génitif, et se met après son régime : comme une montagne, *montis instar.*

Obviàm , au-devant, veut le datif : aller au-devant de quelqu'un , *ire obviàm alicui.*

SYNTAXE DES CONJONCTIONS.

Régime. Parmi les conjonctions , les unes gouvernent le subjonctif, les autres gouvernent l'indicatif. Voici celles dont l'usage est le plus fréquent.

Quùm , signifiant *lorsque,* ne veut le subjonctif que devant l'imparfait.

Ex. Lorsque la ville d'Athènes florissoit; *quùm Athenœ florerent.*

Quùm, signifiant *puisque, vu que, comme*, régit toujours le subjonctif.

Ex. Puisque vous le voulez, *quùm id velis.*

Puisque vous l'avez voulu, *quùm id volueris.*

Dùm, signifiant *tandis que*, ne veut le subjonctif que devant l'imparfait.

Ex. Tandis qu'un chien portoit de la chair, *dùm canis ferret carnem.*

Dùm, signifiant *pourvu que, jusqu'à ce que*, veut toujours le subjonctif.

Ex. Pourvu que je porte mon bât, *clitellas dùm portem meas.*

Si régit le subjonctif devant l'imparfait et le plus-que-parfait.

Ex. Si tu le faisois, si tu l'avois fait à cause de moi, *id si faceres, si fecisses causâ meâ.*

Remarque. Quand, après *si*, il y a un second verbe au futur, on met bien le premier verbe au même futur.

Ex. Si vous venez, vous me ferez plaisir, *si veneris, pergratum mihi feceris.*

Si vous lisez ce livre, j'en serai charmé, *quem librum si leges, lætabor.*

Ut, signifiant *afin que, pour*, gouverne toujours le subjonctif : *Ex.* afin que je repose pendant le jour, *luce ut quiescam.*

Ut, signifiant *comme, de même que*, veut l'indicatif : *Ex.* comme l'on dit, *ut aiunt.*

Ut, signifiant *aussitôt que, dès que*, veut l'indicatif : *Ex.* dès que je fus sorti de la ville, *ut ab urbe discessi.* Voyez *Conjonctions françoises*, ci-après.

TROISIEME PARTIE.

Méthode ou manière de rendre en latin les *Gallicismes* qui se rencontrent le plus fréquemment.

Les différences qui se trouvent entre les deux langues, relativement aux noms et aux adjectifs, sont indiquées dans le dictionnaire : il suffit d'avertir les enfans de faire attention au genre de chaque nom latin : ils doivent aussi, quand ils cherchent un verbe, remarquer s'il est actif, neutre ou déponent.

CHAPITRE PREMIER.

DES VERBES.

Verbes à l'indicatif ou au subjonctif en françois, qu'il faut tourner par l'infinitif en latin, ou que retranché.

On appelle *que retranché*, celui qui, étant entre deux verbes françois, ne peut pas se tourner par *lequel, laquelle*, et qui ne s'exprime point en latin.

Je crois que vous pleurez; *tournez*, je crois vous pleurer.

Regle. Après les verbes *croire, savoir, assurer, être persuadé, prétendre, promettre, espérer*, etc. on n'exprime pas *que;* mais on met à l'accusatif le nom ou pronom qui suit, et le second verbe à l'infinitif latin.

Ex. Je crois que vous pleurez, *credo te flere.*

Quand le *que retranché* est suivi d'une phrase *incidente*, ce n'est pas le verbe de la phrase incidente qui se met à l'infinitif, mais c'est l'autre verbe qui est ordinairement le dernier. *Ex.* Soyez persuadé qu'un enfant (qui honore ses parens) sera aimé de Dieu : *persuasum habeto puerum (qui parentes veretur) à Deo amatum iri.* On appelle *phrase incidente* celle qui est jointe à une autre par un de ces mots, *qui, pour, si*, etc.

A quel temps de l'infinit. latin faut-il mettre le verbe françois qui suit le *que* retranché (1)?

(1) *RÈGLE GÉNÉRALE*. Comparez les temps que marquent les deux verbes.

1°. Si les deux actions exprimées par les deux verbes se font ou ont été faites dans le même temps, mettez le second verbe françois au présent de l'infinitif latin.

2°. Si l'action du second verbe étoit déjà faite dans le temps que marque le premier verbe, mettez le parfait de l'infinitif.

3°. Si l'action du second verbe étoit encore à faire dans le temps du premier verbe, mettez le futur de l'infinitif.

REGLES PARTICULIÈRES.

I. *Temps du verbe françois qu'il faut mettre au présent de l'infinitif latin.*

1°. Mettez au présent de l'infinitif le présent de l'indicatif françois.

Ex. Je crois qu'il lit, *credo illum legere.*

2°. Mettez au présent de l'infinitif l'imparfait de l'indicatif, quand le premier verbe est à l'un des trois parfaits.

Ex. Je croyois, j'ai cru, j'avois cru qu'il lisoit, *credebam, credidi, credideram illum legere* (2).

3°. Mettez encore au présent de l'infinitif le présent du subjonctif, quand on peut le tourner par le prés. de l'indicat. en transportant la négation du premier verbe au second.

Ex. Je ne crois pas qu'il lise; *on peut tourner,* je crois qu'il ne lit pas, *non credo illum legere.*

II. *Après un* que *retranché, mettez au parfait de l'infinitif latin les trois temps suivans:*

1°. Le parfait et plus-que-parfait de l'indicatif françois.

(2) Si cependant le second verbe marque un temps plus ancien que le premier, mettez ce second verbe au parfait de l'infinitif latin. *Ex.* Je vous ai dit que Phèdre étoit esclave, *tibi dixi Phœdrum fuisse servum.*

Ex. Je crois qu'il a lu, qu'il avoit lu, *credo illum legisse.*

2°. L'imparfait de l'indicatif, quand le premier verbe est au présent ou au futur.

Ex. Je crois, je croirai qu'il lisoit, *credo, credam illum legisse.*

3°. Le futur passé et le parfait du subjonctif, quand on peut les tourner par le parfait de l'indicatif.

Ex. Je crois qu'il aura déjà dîné, *tournez,* je crois qu'il a déjà dîné; *credo illum jàm prandisse.*

Je ne crois pas qu'il ait encore dîné; *tournez,* je crois qu'il n'a pas encore dîné, *non credo illum jàm prandisse.*

III. *Après un* que *retranché mettez au futur de l'infin. latin les trois temps suivans:*

1°. Le futur de l'indicatif françois.

Ex. Je crois qu'il viendra demain, *credo illum cras venturum esse.*

2°. Le présent du subjonctif, quand on peut le tourner par le futur de l'indicatif, en transportant la négation du premier verbe au second.

Ex. Je ne crois pas qu'il vienne demain; *on peut tourner,* je crois qu'il ne viendra pas demain: *non credo illum cras venturum esse.*

3°. L'imparfait du subj. terminé en *rois.*

Ex. Je croyois qu'il viendroit demain, *putabam eum cras venturum esse.*

IV. *Après un* que *retranché mettez au futur passé de l'infinitif latin:*

Le plus-que-parfait du subjonctif françois.

Ex. Je crois qu'il seroit venu, si... *credo illum venturum fuisse, si...*

Cependant s'il peut se tourner par le plus-que-parfait de l'indicatif, mettez-le au parfait de l'infinitif : *Ex.* Je ne savois pas que vous fussiez arrivé ; *tournez*, que vous étiez arrivé, *nesciebam te advenisse.*

REMARQUE. L'imparfait du subjonctif terminé en *asse, insse, isse, usse,* se tourne quelquefois par l'imparfait de l'indicatif, et alors il en suit la règle.

Ex. Je ne croyois pas, je n'ai pas cru, je n'avois pas cru que vous fussiez malade ; *tournez*, que vous étiez... *non credebam, non credidi, non credideram te ægrotare.* (Je mets le présent *ægrotare*, parce que le premier verbe est à l'un des trois parfaits.)

Je ne crois pas, je ne croirai pas que vous fussiez malade ; *tournez*, que vous étiez, *non credo, non credam te ægrotavisse.* (Je mets le parfait de l'infinitif, parce que le premier verbe est au présent ou au futur.)

Quelquefois l'imparfait en *asse, insse...* se tourne par le futur de l'indicatif, et alors il suit la règle du futur.

Ex. Si je croyois que vous vinssiez bientôt, je vous attendrois ; *tournez*, que vous viendrez, *si putarem te brevi venturum esse, te expectarem.*

PREMIERE OBSERVATION.

Lorsqu'après un *que* retranché, on doit mettre le verbe à l'un des deux futurs de l'infinitif, et que le verbe latin n'en a point

1°. Exprimez le futur de l'indicatif et le présent du subjonctif françois par *fore ut,* ou *futurum esse ut*, avec le présent du subjonctif latin.

Ex. Je crois que vous vous repentirez ; *credo fore ut te pœniteat.*

2°. Exprimez l'imparfait du subjonctif françois par *fore ut*, avec l'imparfait du subjonctif latin.

Ex. Je croyois que vous vous repentiriez, *credebam fore ut te pœniteret.*

3°. Exprimez le plus-que-parfait du subjonctif françois par *futurum fuisse ut*, avec l'imparfait du subjonctif latin.

Ex. Je croyois que vous vous seriez repenti, *credebam futurum fuisse ut te pœniteret.*

On se sert encore de *fore ut*, avec le parfait du subjonctif, pour exprimer le futur passé, et le parfait du subjonctif, quand ils marquent l'avenir.

Ex. Vous croyez qu'il aura bientôt terminé cette affaire, *credis fore ut brevi illud negotium confecerit.*

Je ne crois pas qu'il ait sitôt terminé cette affaire, *non credo fore ut tam citò illud negotium confecerit.*

SECONDE OBSERVATION.

Quand les verbes *croire*, *espérer*, *promettre*, *menacer*, *se souvenir*, etc. sont suivis d'un infinitif françois, tournez la phrase de manière qu'il y ait un *que* entre les deux verbes, et alors vous suivrez la règle du *que* retranché.

Ex. Je crois avoir lu ; *tournez*, que j'ai lu, *credo me legisse.*

Vous croyez être heureux ; *tournez*, que vous êtes heureux, *credis te esse beatum.*

Il espère partir bientôt ; *tournez*, qu'il partira bientôt, *sperat se brevi profecturum.*

Je me souviens d'avoir lu ; *tournez*, que j'ai lu, *memini me legere*, (après *memini* on met mieux le présent que le parf. de l'infin.) *

Il faut éviter dans les matières de composition que l'on donne aux enfans ces locutions : je crois qu'il part demain, pour, qu'il partira ; je croyois que vous partiez demain, pour, que vous partiriez ; je dirai que vous serez sage, pour, que vous êtes sage ; je n'aurois pas cru que vous fussiez devenu si savant, pour, que vous deviendriez, etc. Le bon sens leur indiquera dans la suite la véritable valeur de ces temps, beaucoup mieux que toutes nos règles.

VERBES *après lesquels le* QUE *ou* DE *françois se rend en latin par plusieurs conjonctions.*

Conseiller de , *suadere ut.*

Conseiller de ne pas, *suadere ne. Règle.* Après les verbes *conseiller, persuader, souhaiter, faire en sorte, commander, prier, avoir soin, il faut, il est juste, il est nécessaire, il arrive, il importe,* etc., le *de* ou *que* s'exprime par *ut* avec le subjonctif, et, s'il suit une négation, par *ne* ou *ut ne.*

Ex. Je vous conseille de lire ; *tournez* que vous lisiez , *suadeo tibi ut legas ;* de ne pas jouer, *ne ludas.*

Ayez soin de vous bien porter, *cura ut valeas ;* de ne pas tomber malade , *ne in morbum incidas.* *

* Après *curare*, avoir soin, on met élégamment le participe du futur en *dus, da, dum,* si le verbe a un régime avec lequel on puisse le faire accorder. *Ex.* Il a eu soin de me faire tenir la lettre, *litteras ad me perferendas curavit.*

Après *oportet, volo, nolo, malo,* on met élégamment le participe passé en *us, a, um.* Je veux vous avertir d'une chose, *unum te monitum volo.*

Dites-lui, avertissez-le de prendre garde à lui; *tournez*, qu'il prenne garde.... *dic illi, mone illum ut sibi caveat.*

REMARQUE. Après *dire, avertir, persuader, écrire*, le *que* se retranche quand il ne peut pas se tourner par *de*.

Ex. Dites-lui, avertissez-le que je suis arrivé, *dic illi, mone illum me advenisse.* (De même après *jubere*, commander, le *que* se retranche presque toujours, et le verbe suivant se met au présent de l'infinitif.)

IL N'IMPORTE pas que... *ou* que... *nihil... refert utrùm... an...*

Regle. Quand après *il n'importe pas, il importe peu, qu'importe*, il y a deux *que* ou deux *de*, on les tourne par *si*, et on exprime le premier par *utrùm*, et le second par *an*, avec le subjonctif.

Ex. Il ne m'importe pas, que m'importe d'être riche ou pauvre ? *tournez*, si je suis riche... *nihil meâ refert, quid meâ refert utrùm dives sim an pauper?* (Au lieu d'*utrùm* on peut mettre *ne* après le premier mot, *dives-ne sim an pauper.*)

Après se mettre peu en peine, *parùm curare*, les deux *que* s'expriment aussi par *utrùm, an* et si à la place du second *que* il y a ces mots, *ou non*, on les exprime par *an-non*, ou *nec-ne*.

Ex. Je me mets peu en peine que vous m'écoutiez ou non, *parùm curo utrùm me audias nec-ne.*

OBSERVATION.

A quel temps du subjonctif latin faut-il

mettre l'infinitif françois qui suit *de* exprimé par *ut, ne, an, utrùm, quin ?*

Si le premier verbe est au présent ou au futur, on met en latin le second au présent du subjonctif, et le régime du premier verbe devient le nominatif du second.

Exemples :

| Je vous conseille | de lire | *Tibi suadeo* | ut legas. |
| Je vous conseillerai | | *Tibi suadebo* | |

Mais si le premier verbe est à l'un des trois parfaits, on met le second à l'imp. du subj.

Exemples :

Je vous conseillois	de lire	*Tibi suadebam*	ut legeres.
Je vous ai conseillé		*Tibi suasi*	
Je vous avois conseillé		*Tibi suaseram*	

CRAINDRE de, *ou que ne... timere ne.*
CRAINDRE de ne pas, *ou que ne pas...timere ut,* ou *ne non.*

Règle. Après *craindre, appréhender, avoir peur,* etc. *de* ou *que* suivi de *ne* seulement, s'exprime par *ne* avec le subjonctif.

Ex. Je crains que le maître ne vienne, *timeo ne præceptor veniat.*

Mais après ces verbes, *que* ou *de,* suivi de *ne pas,* ou *ne point,* s'exprime par *ut,* ou *ne non.*

Ex. Je crains que le maître ne vienne pas, *timeo ut præceptor veniat,* ou *ne non præceptor veniat.*

Quand le verbe *craindre* signifie *faire difficulté,* on l'exprime par *dubitare*, avec l'infinitif, et s'il signifie *ne pas oser*, on l'exprime par *non audere*. *Ex.* Il ne craint pas d'avouer; tournez, il ne fait pas difficulté d'avouer, *fateri non dubitat:* je crains de dire, tournez, je n'ose dire, *non audeo dicere.*

PRENDRE GARDE de *ou* que ne, *cavere ne.*

Règle. Après les verbes *prendre garde*, *dissuader*, *de* ou *que ne* s'exprime par *ne*, avec le subjonctif.

Ex. Prenez garde de tomber, *ou* que vous ne tombiez, *cave ne cadas.*

Dissuadez-le de partir, *illi dissuade ne proficiscatur.*

Prendre garde, signifiant, *avoir soin*, *faire en sorte*, s'exprime par *curare*, *dare operam*, et *que* par *ut*, avec le subjonctif.

Ex. Prenez garde que tout soit prêt, c.-à-d. ayez soin que.... *da operam ut omnia sint parata.*

Si *prendre garde* signifie *remarquer*, on l'exprime par *animadvertere*, et le *que* se retranche. *Ex.* Il ne prend pas garde qu'on se moque de lui; *c'est-à-dire*, il ne remarque pas soi être moqué, *non animadvertit se derideri.*

N'AVOIR GARDE de..... se garder bien de..... *non committere ut.*

Règle. Après *se garder bien de... n'avoir garde de*, on exprime *de* par *ut*, avec le subjonctif.

Ex. Je me garderai bien de vous quitter, *non committam ut à te discedam.*

MÉRITER, être digne de, *ou* que..... *dignum esse ut.*

Règle. Après *mériter*, *être digne*, *de* ou *que* s'exprime par *ut*, avec le subjonctif. *

* *Ut conjux essem tua digna videbar.* Ovid. *Respondit se meruisse ut...* Cic. de Orat. 481.

Ex. Il mérite de commander ; *tournez,* qu'il commande, *dignus est ut imperet ;* on dit mieux *dignus est qui imperet.* (*Qui* tient lieu de *ut ille.*)

Il mérite que j'aie pitié de lui, *dignus est ut illius me misereat,* ou *cujus me misereat.* (*Cujus* tient lieu de *ut illius.*)

Vous méritez qu'il vous favorise, *dignus es ut tibi faveat,* ou *cui faveat.* (*Cui* tient lieu de *ut tibi.*)

Il mérite que je l'honore, *dignus est ut eum colam,* ou *quem colam.* (*Quem* tient lieu de *ut eum.*)

Vous méritez qu'il vous rende service, *dignus es ut de te benè mereatur,* ou *de quo benè mereatur.* (*De quo* tient lieu de *ut de te.*)

¶ REMARQUE. *Qui, quæ, quod,* est employé pour *ut* et un pronom, et il se met au cas où l'on mettroit le pronom ; ainsi quand après *mériter* il n'y a point de pronom qui se rapporte au nominatif du verbe *mériter,* on ne peut pas employer *qui, quæ, quod,* mais il faut se servir de *ut. Ex.* Vous méritez bien que j'agisse ainsi, *dignus sanè es ut sic agam,* et non pas *qui sic agam.*

EMPÊCHER, défendre de ou que ne, *prohibere ne.*

Ne pas empêcher, ne pas défendre de, ou que, *non prohibere quin, quominùs.*

Règle. Après les verbes *empêcher, défendre,* quand ils ne sont pas accompagnés d'une négation ou d'une interrogation, *de* ou *que ne* s'exprime par *ne* avec le subjonctif, et le régime de la personne sert de nominatif au second verbe.

Ex. Dieu nous défend de mentir; *tournez,* défend que nous ne mentions. *Deus prohibet ne mentiamur.*

Cela m'a empêché de partir, *id impe livit ne proficiscerer.*

Mais quand il y a une négation, ou une interrogation jointe au verbe *empêcher, défendre, de* ou *que ne* s'exprime par *quin* ou *quominùs.*

Ex. Je ne vous empêche pas, qui vous empêche de partir? *tournez,* que vous partiez, *non impedio, quis impedit quin proficiscaris?*

Après *il ne tient pas à moi, à quoi tient-il? que ne* s'exprime aussi par *quin,* avec le subjonctif.

Ex. Il ne tient pas à moi que vous ne soyez heureux, *per me non stat quin sis beatus.*

Dans cette façon de parler, *je ne puis, je ne saurois m'empêcher, me défendre,* les verbes *s'empêcher, se défendre,* se tournent par *ne pas,* qu'on exprime par *non,* avec l'infinitif. *Ex.* Je ne puis m'empêcher de parler, *tournez,* je ne puis ne pas parler, *non possum non loqui* : je ne puis m'empêcher de rire ; *tournez,* je ne puis ne pas rire, *non possum non ridere.*

SE RÉJOUIR de... *ou que... gaudere quòd.*

Regle. Après *se réjouir, se repentir, être fâché, avoir honte, s'étonner, être surpris, remercier, savoir bon gré,* etc. *de* ou *que* se tourne par *de ce que,* et s'exprime par *quòd,* avec le subjonctif ou l'indicatif.

Ex. Je me réjouis de vous avoir été utile, *tournez,* de ce que je vous ai été utile, *gaudeo quòd tibi profuerim.* 8

J'ai honte de ne vous avoir pas encore répondu, *me pudet quòd ad te nondum rescripserim.*

REMARQUE. Après ces verbes on peut encore retrancher le *que ; gaudeo me tibi profuisse.*

ATTENDRE que, *exspectare dùm*, ou *donec*.

Règle. Après *attendre*, *que* se tourne par *jusqu'à ce que*, et s'exprime par *dùm* ou *donec*, avec le subjonctif.

Ex. Attendez que l'empereur soit arrivé, *exspecta dùm imperator advenerit.*

Ne confondez pas *s'attendre* avec *attendre*. Après *s'attendre*, en latin, *existimare, persuasum habere*, on retranche le *que*, et l'on met toujours le verbe suivant au futur de l'infinitif. *Ex.* Je m'attendois que vous m'écririez, *te ad me scripturum esse existimabam.*

Quand *s'attendre* signifie *prévoir*, il s'exprime par *prævidere*, et l'on retranche le *que*. *Ex.* Je m'étois bien attendu qu'il en seroit ainsi, *ità futurum sanè prævideram.*

CELA EST CAUSE QUE, *ea causa est cur.*

Règle. Après *être cause*, *que* s'exprime par *cur*, avec le subjonctif.

Ex. La maladie a été cause que je n'ai pas été vous voir, *morbus causa fuit cur te non inviserim.*

DOUTER que, *dubitare an.*

Ne pas douter que, *non dubitare quin.*

Règle. Quand le verbe *douter* n'est accompagné ni d'une négation, ni d'une interrogation, on tourne *que* par *si*, et on l'exprime par *an* avec le subjonctif.

Ex. Je doute qu'il se porte bien; *tournez, s'il se porte bien, dubito an valeat.*

Mais quand le verbe *douter* est accompagné d'une négation, ou d'une interrogation, on exprime *que* par *quin*. (*Quin* renferme le *ne* françois suivant.)

Ex. Je ne doute pas qu'il ne se porte bien, *non dubito quin valeat.*

Qui doute que la vertu ne soit aimable ? *Quis dubitat quin virtus sit amabilis ?*

Ne confondez pas *se douter* avec *douter* : après *se douter, suspicari, prævidere,* on retranche le *que. Ex.* Je me doutois bien que la chose iroit mal ; *c'est-à-dire,* je soupçonnois que...... *suspicabar rem malè cessuram.*

VERBES *à l'indicatif dans le françois, qu'il faut mettre au subjonctif en latin.*

I. Vous ne savez pas qui je suis, *en latin*, qui je sois.

Règle. Qui ou *quel* interrogatif entre deux verbes, veut le second au subjonctif en latin.

Ex. Vous ne savez pas qui je suis, *nescis quis ego sim.*

Dites-moi quelle heure il est, *dic mihi quota hora sit.*

Je ne sais lequel des deux a été le plus éloquent, *nescio uter fuerit eloquentior.*

Écrivez-moi ce que vous faites, c'est-à-dire, quelle chose vous faites, *ad me scribe quid agas.*

Écrivez-moi ce qui se passe là où vous êtes ; c'est-à-dire, quelle chose se passe ou est faite *ad me scribe quid istic agatur.*

REMARQUE. *Ce qui, ce que,* s'exprime par *quid* quand on peut le tourner par *quelle chose,* comme dans l'exemple précédent ; mais *ce qui, ce que,* s'exprime par *quòd* quand on ne peut pas le tourner par *quelle chose,* parce qu'alors il n'est pas interrogatif. *Ex.* Il a fait ce que je lui avois commandé : *fecit quod ei præceperam.*

II. Les adv. de lieu *ubi, quo, quà, undè*

et les conjonctions *cur, quarè, quomodò, an, utrùm,* etc. entre deux verbes, veulent le second au subjonctif en latin.

Ex. Je voudrois savoir où vous êtes, *scire velim ubi sis;* d'où vous venez, *undè venias;* où vous allez, *quò eas.* S'il a de quoi vous payer, *si habuerit undè tibi solvat.*

Interrogée pourquoi elle disoit cela, *interrogata cur hoc diceret.*

III. *Combien,* entre deux verbes, veut toujours le second au subjonctif en latin.

Ex. Vous voyez combien je vous aime, *vides quantùm te amem.*

Je dirai en peu de mots combien la liberté est douce, *quàm dulcis sit libertas breviter proloquar.*

Il y a beaucoup d'autres conjonctions après lesquelles le verbe latin se met au subjonctif; nous en avertirons dans l'occasion.

Qui interrogatif devant un futur de l'indicatif et un imparfait du subjonctif veut le verbe au présent du subjonctif en latin : Qui croira ? *Quis credat ?* Qui n'admireroit pas cette action ? *Quis non illud factum miretur?*

A quel temps faut-il mettre le verbe latin après les mots qui veulent le subjonctif?
Comme ut, ne, an, quin, *etc.*

I. Mettez tous les temps de l'indicatif françois aux mêmes temps du subjonctif, excepté les deux futurs. Exemples :

Je ne sais
{ ce que vous faites, *quid agas.*
ce que vous faisiez, *quid ageres.*
ce que vous avez fait, *quid egeris.*
ce que vous aviez fait. *quid egisses.* } Nescio

Le futur de l'indicatif après *quin, an,* etc.; se met au participe du futur en *rus, ra, rum;* pour l'actif, en *dus, da, dum;* pour le passif, avec *sim, sis, sit.*

Ex. Je ne sais s'il écoutera, *nescio an auditurus sit;* s'il sera écouté, *an audiendus sit.*

Si le verbe latin n'a pas de participe du futur, mettez simplement le présent du subjonctif, en y joignant quelque adverbe qui marque le futur.

Ex. Je ne sais s'il se repentira, *nescio an illum unquàm pœniteat.*

II. Si le verbe françois est au subjonctif, et qu'il marque l'avenir, mettez en latin le participe du futur, avec *sim, sis, sit,* pour exprimer le présent du subjonctif; avec *essem, esses, esset,* pour l'imparfait; avec *fuissem, fuisses, fuisset,* pour le plus-que-parfait du subjonctif.

Ex. Je doute que l'empereur vienne bientôt, *dubito an imperator brevi venturus sit.*

Je ne savois si le roi viendroit, je doutois que le roi vînt bientôt, *nesciebam an, dubitabam an brevi rex venturus esset.*

Je ne sais si le roi seroit venu, je doute que le roi fût venu, *nescio an rex, dubito an rex venturus fuisset.*

Quand le verbe qui est au subjonctif ne marque pas l'avenir, ou qu'il n'a pas de participe du futur en latin, mettez les temps du subjonctif françois aux mêmes temps du subjonctif latin.

Ex. Je doute qu'il se repente jamais, *du-bito an illum unquàm pœniteat.*

Je ne sais s'il se repentiroit, *nescio an illum unquàm pœniteret.*

Je ne sais s'il se seroit repenti, *nescio an illum pœnituisset.*

Le futur passé après *ne pas savoir si*, et le parfait du subjonctif après *douter que*..... se mettent au parfait du subjonctif quand ils marquent le passé.

Ex. Je ne sais s'il aura soupé, je doute qu'il ait soupé de si bonne heure, *nescio an, dubito an tam maturè cœnaverit.*

Mais si ces deux temps marquent l'avenir, ce qui arrive quand ils sont suivis de *lors-que*, mettez-les au futur en *rus, ra, rum*, ou *dus, da, dum*, avec *sim, sis, sit*, en changeant *lorsque* par *avant que*.

Ex. Je ne sais s'il aura terminé, je doute qu'il ait terminé l'affaire lorsque vous viendrez ici, *nescio an, dubito an priùs rem confecturus sit, quàm hùc venias*, c'est-à-dire, s'il terminera avant que vous veniez.*

* Si le verbe latin est au passif, on peut mettre le participe passé avec *futurus, a, um, sim, sis, sit. Exemple de Cicéron, liv.* 6. *épît.* 13. « Je ne doute pas que l'affaire n'ait été réglée « lorsque vous lirez cette lettre, *non dubito quin, te legente* « *has litteras, confecta jam res futura sit.* » Il paroît que les Latins évitoient ce tour de phrase.

VERBES *au passif dans le françois, qu'il faut tourner par l'actif en latin.*

Je suis favorisé de la fortune; *tournez*, la fortune me favorise.

Règle. Quand un verbe au passif dans le françois est neutre ou déponent en latin, il faut tourner le passif en actif, et pour cela on prend le régime pour en faire le nominatif et le nominatif pour en faire le régime.

Ex. Je suis favorisé de la fortune, *mihi favet fortuna*. (*Faveo* n'a point de passif.)

Il est admiré de tout le monde ; *tournez*, tout le monde l'admire, *illum omnes admirantur*.

REMARQUE. S'il n'y a point de régime dont on puisse faire le nominatif, mettez le verbe à la troisième personne du pluriel, (en sous-entendant *homines*.)

Ex. Cicéron étoit admiré quand il parloit. *admirabantur Ciceronem quùm diceret*.

VERBES *à l'actif dans le françois, qu'il faut tourner par le passif en latin*.

Il faut changer l'actif en passif quand il y a *amphibologie*, c'est-à-dire, quand après un *que* retranché le nominatif françois et le régime seroient mis tous deux à l'accusatif latin sans que l'on pût distinguer l'un de l'autre ; alors on tourne par le passif, en prenant le régime direct pour en faire le nominatif, et le nominatif pour en faire le régime.

Ex. Vous dites que Pierre aime Paul : vous ne pouvez pas mettre, *dicis Petrum amare Paulum*, parce qu'on ne sauroit quel est celui qui aime, si c'est Pierre qui aime Paul, ou si c'est Paul qui aime Pierre ; il faut donc changer l'actif en passif de cette manière : vous dites que Paul est aimé de Pierre, *dicis Paulum à Petro amari*.

On change encore l'actif en passif avec le pronom françois *on, l'on.*

CHAPITRE SECOND.
DES PRONOMS.

I. *Pronom françois qui manque en latin,* on, l'on.

IL y a deux manieres de rendre en latin *on, l'on.*

Iere. MANIERE. On aime la vertu; *tournez,* la vertu est aimée.

Regle. Le verbe qui suit *on, l'on,* est-il actif, *tournez* par le passif.

Ex. On aime la vertu, *virtus amatur.*

Si le verbe n'a point de régime dont on puisse faire le nominatif du verbe passif, mettez ce verbe à la troisieme personne du singulier passif : plusieurs verbes neutres même ont cette troisième personne.

Ex. Non-seulement on ne porte pas envie aux jeunes gens, mais on leur est même favorable, *adolescentibus non modò non invidetur, verùm etiam favetur.*

On raconte, *narratur ;* on rapporte, *fertur ;* on va, *itur ;* on est venu, *ventum est.*

IIe. On aime la vertu, *amant virtutem.*

Mettez le verbe qui suit *on, l'on,* à la troisieme personne du pluriel ; ce qu'il faut toujours faire quand ce verbe est neutre ou déponent en latin. Exemple : On admire la vertu, *admirantur virtutem.*

On hait celui que l'on craint, *oderunt quem metuunt.*

On dit, *aiunt, ferunt, memorant, per-*
hibent.

REMARQUE. Devant les impersonnels *pænitet, pudet,*
tædet, miseret, piget, il faut exprimer le mot *homines,* on se
repent d'avoir mal vécu, *homines pænitet malè vixisse.*

Si le verbe qui suit *on* est accompagné
d'une négation, on tourne par *personne ne,*
nemo, et le verbe se met à la troisième personne du singulier.

Ex. On ne peut être heureux sans la vertu; *tournez,* personne ne peut..... *nemo*
sine virtute potest esse beatus.

Quand on, lorsqu'on, se tournent par
celui qui, ceux qui.

Ex. Quand on désire le bien d'autrui, *on*
perd justement le sien; *tournez,* celui qui
désire.... *qui bonum alienum appetit, me-*
ritò amittit proprium.

Si on, si l'on, se tournent par *si quel-*
qu'un, si quis.

Ex. Si l'on vous demande, *si quis te in-*
terroget.

REMARQUE. On ne dit pas *si aliquis,* mais *si quis,* après *si,*
nisi, ne, num, sive, quò, on retranche *ali* dans les mots qui
commencent ainsi : *si quandò* pour *si aliquandò, ne quan-*
dò, etc.

On voit, on trouve des gens qui.....s'expriment par *videas,*
reperias qui..... videre est, reperire est qui..... et le verbe
suivant se met au subjonctif. *Ex.* On voit des gens qui aspirent
aux honneurs, *videas homines qui honores appetant.*

ON DIT que.... on croit que.....il semble, il
paroît que....

On dit, on croit, etc. s'expriment en latin
de deux manières :

1°. *Personnellement,* en prenant le nomi-

8*

natif du second verbe, pour en faire le nominatif des verbes *on dit, on croit*, etc.

Ex. On dit que les cerfs vivent très-longtemps ; *tournez*, les cerfs sont dits vivre....
cervi dicuntur diutissimè vivere.

Il paroît que vous êtes malade ; *tournez*, vous paroissez être malade, *videris ægrotare.*

2°. *Impersonnellement*, en tournant par la troisième personne du singulier passif, *il est dit que..... il est cru que.....* alors le *que* se retranche.

Ex. On dit que les cerfs vivent très-longtemps ; *tournez*, il est dit que les cerfs.....
dicitur cervos diutissimè vivere.

REMARQUE. On exprime toujours de cette seconde manière *on dit, on croit*, quand ils sont suivis d'un verbe impersonnel.

Ex. On dit que vous vous repentez de votre faute ; *tournez*, il est dit que vous....
dicitur te tuæ culpæ pœnitere.

Observation sur le verbe françois ON ENSEIGNE.

Pour tourner ce verbe par le passif il faut faire attention à la signification du verbe latin *doceri*, qui veut dire *être instruit :* comme cela ne peut se dire que d'une personne, et non pas d'une chose, le verbe passif *doceor* veut toujours pour nominatif le nom de la personne.

Ex. On enseigne la grammaire aux enfans ; *tournez*, les enfans sont instruits sur la grammaire, *pueri docentur grammaticam.*

Les enfans à qui l'on enseigne la grammaire ; *tournez*, les enfans qui sont instruits sur la grammaire, *pueri qui docentur gram-maticam.*

La grammaire que l'on enseigne aux enfans, *tournez,* la grammaire sur laquelle les enfans sont instruits, *grammatica quam pueri docentur.* (*Tournez de même cette phrase :* la grammaire qui est enseignée aux enfans.)

II. PRONOMS *françois que l'on exprime d'une manière différente en latin.*

Il, le, la, lui, leur, qu'il faut quelquefois tourner en latin par *soi, à soi,* etc., et exprimer par *sui, sibi, se.*

Le renard dit qu'il n'étoit pas coupable *tournez,* dit soi n'être pas....

Règle. Quand les pronoms *il, elle, le, la, lui, leur,* après un *que* retranché ou exprimé, se rapportent au nominatif du premier verbe, on les exprime par *sui, sibi, se.*

Pour connoître si ces pronoms se rapportent au nominatif du premier verbe, faites l'interrogation suivante, *qui il ? qui elle ?*

Ex. Le renard dit qu'il n'étoit point coupable de la faute : *qui il ?* Réponse. *Le renard.* Quand le mot de la réponse est le même que le nominatif du premier verbe, exprimez *il* par *se;* ainsi dites : *vulpes negavit se esse culpœ noxiam.*

Diogène ordonna qu'on le jetât à la voierie; *qui le ?* Réponse. *Diogène.* Comme le mot de la réponse est le même que le nominatif du verbe, dites : *Diogenes jussit se projici inhumatum.*

Ce philosophe disoit qu'il lui importoit peu ; *qui lui ?* Réponse. *Le philosophe. Hic philosophus dicebat suâ parvi referre.*

Mais je crois qu'il mentoit ; *qui il ?* Réponse. *Ce philosophe.*

Quand le mot de la réponse n'est pas le même que le nominatif du verbe, exprimez *il* par *ille, illa, illud;* ainsi dites, *at credo illum mentitum fuisse.* (*Il, elle,* etc. ne peuvent jamais se rapporter à un nominatif de la première ou de la seconde personne.)

SON, SA, SES, LEUR, LEURS, qu'il faut quelquefois tourner en latin par *de lui, d'elle, d'eux, d'elles,* et exprimer par *ejus, eorum, earum.*

I. *Son, sa, ses, leur, leurs,* après un seul verbe.

Pater amat *suos liberos.*

RÈGLE. *Son, sa, ses...* après un seul verbe, s'expriment par *suus, sua, suum,* quand ils se rapportent au nominatif de ce verbe.

Pour connoître s'ils se rapportent au nominatif du verbe, faites l'interrogation suivante : *de qui ?*

Ex. Un père aime ses enfans : les enfans *de qui ?* Réponse : *du père.*

Quand le mot de la réponse est le même que le nominatif du verbe, servez-vous de *suus, sua, suum :* ainsi dites, *pater amat suos liberos.*

Quand le mot de la réponse n'est pas le nominatif du verbe, exprimez *son, sa, ses,* par *ejus; leur, leurs,* par *eorum, earum.*

Ex. Mais il n'aime pas leurs défauts. Les défauts *de qui*? Réponse : *des enfans*. Comme ce mot *enfans* n'est pas le nominatif du verbe, dites, *at eorum vitia odit.*

Cependant quand le verbe est de première ou de seconde personne, on se sert de *suus*, *a*, *um*, pourvu qu'il se rapporte à un second régime. *Exemple.* J'ai rendu à César son épée, *suum Cæsari gladium restitui.*

II. *Son, sa, ses, leur, leurs,* après deux verbes.

RÉGLE. Quand *son, sa, ses,* etc. sont après deux verbes, on les exprime par *suus, sua, suum,* pourvu qu'ils se rapportent au nominatif de l'un des deux verbes *.

Exemple. La mère vous prie de pardonner à son fils, c'est-à-dire, que vous pardonniez, *mater te orat ut filiolo ignoscas suo.* (*Son,* ici, se rapporte au nominatif du premier verbe.)

J'écris à mon ami de me confier son affaire; c'est-à-dire, qu'il me confie, *ad amicum scribo ut mihi negotium committat suum.* (*Son,* ici, se rapporte au nominatif du second verbe.)

Mais on exprime *son, sa, ses,* par *ejus* ou *illius; leur, leurs,* par *eorum, earum,* quand ils ne se rapportent ni à l'un ni à l'autre de ces deux nominatifs.

Ex. Je vous prierai de prendre ses intérêts, *te rogabo ut illius commodis inservias.* (*Son, sa, ses,* ne peuvent jamais se

* A moins que les verbes ne soient tous deux de la troisième personne; car alors il faut que *son, sa...* se rapportent au nominatif du verbe *principal* (c'est-à-dire celui qui gouverne l'autre), pour éviter l'ambiguïté.

rapporter à un nominatif de première ou de seconde personne.)

III. *Son, sa, ses, leur, leurs,* au commencement d'une phrase.

Ejus indoles est optima.

Ire. RÈGLE. *Son, sa, ses,* au commencement d'une phrase, s'expriment par *ejus* ou *illius; leur, leurs,* par *eorum, earum,* quand ils ne se rapportent pas au régime du verbe suivant.

Exemple. Son caractère est excellent; *tournez,* le caractère de lui.... *ejus indoles est optima.*

Sua eum commendat modestia.

IIe. RÈGLE. *Son, sa, ses,* même au commencement d'une phrase, s'expriment par *suus, sua, suum,* quand ils se rapportent au régime du verbe suivant; ce qui arrive lorsqu'ils sont suivis de *le, la, les,* ou précédés d'un *que* relatif.

Exemple. Sa modestie le rend recommandable, *sua eum commendat modestia.*

L'enfant que sa modestie rend recommandable, *puer quem sua commendat modestia.*

On ajoute en latin *suus. a, um,* au nominatif, quand le nominatif françois est suivi d'un génitif, et de *le, la, les.*
Exemple. L'ambition de cet homme le perdra; *tournez,* son ambition perdra cet homme, *sua hominem perdet ambitio.*

1°. TEL QUE... telle que; *is qui, ea quæ.*
RÈGLE. *Tel, telle que,* se tournent en la-

tin par *celui, celle que*, et s'expriment, *tel, telle*, par *is, ea, id*, et *que*, par *qui, quæ, quod*, que l'on met au nominatif devant *sum*, etc. *sim;* et à l'accusatif devant *esse*, mis pour un *que* retranché.

Exemple. Je ne suis pas tel que vous ; *tournez,* je ne suis pas celui lequel vous êtes, *non is sum qui tu* (sous-entendu *es.*) On peut dire aussi, *non sum talis qualis tu.*

Il n'est pas tel que vous pensez; *tournez,* il n'est pas celui lequel vous pensez qu'il est, *non is est quem putas* (sous-entendu *eum esse.*) *Quem* est à l'accusatif, à cause du *que* retranché.

2°. *Tel*, quand il n'est pas suivi de *que*, s'exprime par *is* ou *talis.*

Exemple. Tel a été mon père, *is* ou *talis fuit pater meus.*

3°. Lorsque *tel*, au commencement d'une phrase, est suivi de *qui*, on tourne *tel* par quelques uns, *quidam*, ou par il y en a qui... *sunt qui.*

Exemple. Tel rit aujourd'hui, qui pleurera demain; *tournez,* quelques uns rient... *quidam hodiè rident, qui cras flebunt.*

TEL répété, *qui, is.*

4°. Quand *tel* est répété, le premier s'exprime par *qui, quæ, quod*, et le second par *is, ea, id;* ou bien le premier par *qualis*, et le second par *talis.*

Exemple. Tel père, tel fils, *qui pater est, is est filius*, ou *qualis pater est, talis filius ;* c'est comme s'il y avoit *le fils est tel que le père ;* mais la phrase est renversée.

5°. Quand *tel* suivi de *que* ne peut pas se tourner par le *même* ou *semblable*, on exprime *que* par *ut*, avec le subjonctif.

Exemple. La libéralité doit être telle qu'elle ne nuise à personne, *ea esse debet liberalitas, ut nemini noceat.*

La force de la vertu est telle que nous l'aimons même dans un ennemi, *ea vis est probitatis, ut illam vel in hoste diligamus.*

Quand *tel* peut se tourner par *de cette sorte*, on l'exprime par *hujus modi* en bonne part, et *istius modi* en mauvaise part. *Ex.* Qui n'aimeroit de tels enfans ? *Quis hujus modi puerulos non amet ?* Qui ne haïroit de telles gens ? *Quis istius modi homines non oderit.*

1°. LE MÊME que, *idem qui*, ou *ac*, *atque*.

RÈGLE. *Le même, la même*, s'expriment par *idem, eadem, idem*, et *que* par *qui, quæ, quod*, que l'on met au cas du verbe suivant.

Exemple. Vous n'êtes pas le même à mon égard que vous avez été autrefois ; *non idem es ergà me qui fuisti olim.*

Ma mère n'est pas aujourd'hui la même que je l'ai vue autrefois ; *non eadem est hodiè mater mea, quam vidi olim*, (sous-entendu *eam esse*.)

Je me sers des mêmes livres que vous, *iisdem libris utor, quibus tu*, (sous-ent. *uteris*.)

REMARQUE. *Le même*, devant un nom ou pronom, s'exprime par *idem ;* le même homme, *idem homo.*

Même, après un nom ou pronom, s'exprime par *ipse, ipsa, ipsum*. L'homme même, *homo ipse;* moi-même, *ego ipse;* vous-même, *tu ipse*.*

2°. *Ne pas même* s'exprime par *ne quidem,* que l'on sépare en mettant un mot entre *ne* et *quidem.*

Exemple. Je ne l'ai pas même vu, *eum ne vidi quidem.*

3°. *De même que si,* signifiant *comme si,* s'exprime par *non secùs ac ... perindè ac ... tanquàm.*

Exemple. Je l'aime de même que s'il étoit mon frère, *illum perindè amo ac si esset frater meus.*

4°. *De même,* non suivi de *que,* se rend par *item.* Il n'en est pas de même des Romains, *non item de Romanis. Et même* s'exprime par *imò.... quin etiam.*

* Quand le pronom *même* se rapporte au nominatif du verbe, on met toujours le pronom au nominatif, quoiqu'en françois il soit joint au régime. *Exemple.* L'avare se nuit à lui-même, *avarus sibi ipse nocet.* Mais si *même* ne se rapporte pas au nominatif, on le fait accorder avec le régime : le temps ronge le fer même, *vetustas ferrum ipsum exedit.*

I. AUTRE, autrement que... *alius, aliter, quàm... ac... atque...*

REGLE. *Autre* s'exprime par *alius, alia, aliud,* et *que* par *quàm, ac, atque.*

Exemple. Il n'est pas autre qu'il étoit autrefois, *non alius est quàm erat olim :* on n'exprime pas *ne* après *autre.*

Il parle autrement qu'il ne pense, *aliter loquitur ac* ou *atque sentit**.*

II. *Tout autre* signifiant *quelqu'autre que*

** Au lieu de *quàm, ac,* on répète quelquefois *alius, aliter.* Il parle autrement qu'il ne pense, *aliter loquitur, aliter sentit.*

ce soit, s'exprime par *quivis alius*, *quilibet alius* ; tout autrement, *longè aliter*, et *que* par *ac*, *atque*.

Exemple. Tout autre peuple que le peuple romain eût perdu courage, *quivis alius populus ac Romanus despondisset animum.*

Mais si *tout autre* signifie *tout différent*, il s'exprime par *longè alius*.

Exemple. Vous êtes tout autre que vous n'étiez, c'est-à-dire, tout différent, *longè alius es atque eras.*

III. Après *lequel des deux* (en latin *uter*,) *autre* s'exprime aussi par *uter, utra, utrum.*

Exemple. Examinez lequel des deux a dressé des embûches à l'autre, *quære uter utri insidias fecerit.*

IV. *L'un... l'autre, les uns... les autres,* quand on parle de plus de deux, s'expriment par *alius, alia, aliud*, que l'on répète.

Exemple. Les uns jouent, les autres chantent, *alii ludunt, cantant alii.*

Mais si l'on ne parle que de deux, on se sert de *alter* répété, ou de *unus, alter.*

Exemple. L'un dit oui, l'autre dit non, *alter* ou *unus ait, negat alter.*

V. Quand *l'un* est répété, et *l'autre* aussi répété, on les tourne par l'adjectif *différent*, et on les traduit par *alius, alia, aliud,* de cette manière.

Ex. Les uns aiment une chose, les autres une autre; *tournez*, différentes personnes aiment différentes choses, *alii aliis rebus delectantur.*

Les uns s'en allèrent d'un côté, les autres de l'autre, *alii aliò dilapsi sunt.*

VI. *Ni l'un ni l'autre* (quand le nominatif est un pronom) s'expriment par *neuter, neutra, neutrum : l'un l'autre* par *uterque, utraque, utrumque;* et ils sont ordinairement suivis de *alter, altera, alterum,* et alors on n'exprime pas *se.*

Exemple. Ils ne s'aiment ni l'un ni l'autre, *neuter alterum amat.*

Ils se haïssent l'un l'autre, *uterque alterum odit.*

VII. *L'un des deux, l'un ou l'autre,* s'expriment par *alteruter, alterutra, alterutrum.*

Exemple. Je vous enverrai l'un ou l'autre, *alterutrum ad te mittam.*

VIII. *L'un après l'autre* s'exprime par *singuli, singulæ, singula.*

Exemple. Il se mit à les manger l'une après l'autre, *cœpit vesci singulis.*

IX. *Le premier, le second,* quand on ne parle que de deux, s'expriment, *le premier* par *prior,* et *le second* par *posterior,* ou par *alter* répété.

Exemple. Le premier rioit toujours, le second pleuroit sans cesse, *prior semper ridebat, posterior indesinenter flebat.*

Mais si l'on parle de plus de deux, servez-vous de *primus, secundus.*

Celui-ci, celui-là, s'expriment, *celui-ci* par *hic, celui-là* par *ille.*

Celui-ci rioit toujours, celui-là pleuroit

sans cesse, *hic semper ridebat, ille indesinenter flebat.*

X. *Celui des deux qui,* s'exprime par
uter, utra, utrum.

Exemple. Celui des deux qui se dédira
paiera l'amende, *uter demutaverit pecuniâ
mulctabitur.*

QUEL, QUELLE, suivis de que, *quicumque,*
quantuscumque.

REGLE. *Quel, quelle que,* s'expriment par
quicumque, quæcumque; et si la chose
peut se dire grande, par *quantuscumque,*
quantacumque... qui renferme *que,* et veut
ordinairement le subjonctif.

Ex. Quelle que soit sa mémoire, il oublie
cependant bien des choses, *quantacumque
sit ejus memoria, multa tamen obliviscitur.*

Qui que ce soit qui... s'exprime par *quicumque...quilibet...* et si l'on ne parle que
de deux, c'est par *utercumque, utracumque.*

Exemple. Qui que ce soit des deux par-
tis qui remporte la victoire, nous périrons,
*utracumque pars vicerit, tamen perituri
sumus.*

QUELQUE que... suivi d'un nom.

I. Si c'est un nom de choses qui ne se comptent pas, on l'exprime par *quicumque...
qualiscumque...* et si la chose peut se dire
grande, par *quantuscumque, quantacumque,* etc.

Exemple. Quelque parti que vous pre-niez, *quodcumque consilium capias.*

II. Si c'est un nom de choses qui se comp-tent, on exprime *quelque que...* par *quot-cumque* ou *quantumvis multi, æ, a.*

Exemple. Quelques services que vous rendiez à un ingrat, vous ne lui en rendrez jamais assez, *quotcumque apud ingratum officia posueris, nunquàm satis multa con-tuleris.*

QUELQUE que... suivi d'un adjectif.

Si *quelque... que*, est suivi d'un adjectif, d'un adverbe ou d'un participe, on l'exprime par *quantùmvis*, et si c'est le participe d'un verbe de prix, par *quanticumque.*

Exemple. Quelque savant qu'il soit, il ignore cependant bien des choses, *quantùm-vis sit doctus, multa tamen ignorat.*

Quelque estimable que soit la science... *quanticumque æstimanda sit doctrina...*

Quelque grand que... s'exprime par *quan-tuscumque, quantacumque...* quelque petit que, par *quantuluscumque, quantulacum-que.*

PRONOMS *françois qui ne s'expriment pas en latin.*

I. Je crois qu'il faut; *tournez,* je crois falloir.

REGLE. *Il* devant un impersonnel ne s'ex-prime pas, excepté devant *pœnitet, piget, pudet, tædet, miseret.*

Ex. Je crois qu'il faut, *credo oportere.*

Vous savez qu'il est honteux de mentir, *scis mentiri turpe esse*.

II. Quand *celui, celle* ou *ceux,* suivis d'un génitif, sont employés pour un nom précédent, on ne se sert pas de *ille, illa, illud ;* mais on répète le nom qui précède.

Exemples. Les qualités de l'âme sont bien préférables à celles du corps, *animi dotes corporis dotibus longè præstant.*

La vie des hommes est plus courte que celle des corneilles, *brevior est vita hominum quàm cornicum vita.* (On peut ne pas répéter le nom quand il doit être mis au même cas, et dire, *brevior est hominum quàm cornicum vita.*)

III. Dans les phrases suivantes, *c'est ainsi que, est-ce ainsi que...* on n'exprime ni *c'est,* ni *que.*

Exemple. C'est ainsi qu'il parla; *tournez,* il parla ainsi, *sic locutus est.*

Est-ce ainsi que vous défendez vos amis? *tournez,* défendez-vous ainsi... *Siccine tuos amicos defendis ?*

C'est vous-même que je cherche, *te ipsum quæro.*

IV. *Ce n'est pas que,* se rend en latin par *non quòd; mais c'est que,* par *sed quòd.*

Ex. Ce n'est pas que j'approuve, mais c'est que... *non quòd approbem, sed quòd...*

S'il suit un comparatif, rendez *ce n'est pas que,* par *non quò...sed quò.* Ce n'est pas que l'un me soit plus cher que l'autre, *non quò mihi sit alter altero carior.*

S'il suit une négation, par *non quin*... Ce n'est pas que je ne pense, *non quin existimem*.

V. *Ce n'est pas à dire pour cela que.... est-ce à dire pour cela que*, se rendent par *non continuò, non ideò...an continuò...an ideò*.

Ex. Quoique j'aie salué des méchans, ce n'est pas à dire pour cela que je sois méchant, *quamvis improbos salutaverim, non continuò sum improbus*.

VI. *Ce qui, ce que*, suivis de *c'est* et d'un nom, ne s'expriment pas en latin.

Ex. Ce qui me chagrine le plus, c'est la mauvaise santé de mon père; *tournez*; la mauvaise santé de mon père me chagrine le plus, *valetudo patris me potissimùm sollicitat*.

Ce qui, ce que, s'expriment par *illud* quand ils sont suivis de *c'est que*.

Ex. Ce que j'espère, c'est que je vivrai éternellement, *illud spero me futurum immortalem*. (Après *espérer* on retranche *que*.)

Ce que je crains, c'est que...*illud vereor ne*. (Après *craindre*, le *que* s'exprime par *ne*.)

Ce dont je doute, c'est que...*illud dubito an*. (Après *douter*, le *que* s'exprime par *an*.)

Ce qui me console, c'est que...*illud me consolatur quòd*.

VII. *C'est*, devant un infinitif suivi de *que de*, se-tourne par *celui qui*.

Ex. C'est se tromper que de croire...*tournez*, celui qui croit...se trompe; *errat, qui putat*.

CHAPITRE TROISIÈME.

DES PARTICIPES.

Participes françois qui manquent en latin.

I. Le verbe latin *sum* n'a ni le participe du présent *étant*, ni le participe du passé *ayant été;* on se sert des conjonctions *lorsque*, *après que*, *puisque; quùm, postquàm.*

Ex. Cicéron étant consul, la conjuration fut découverte; *tournez*, lorsque Cicéron étoit consul, la conjuration fut découverte, *quùm Cicero esset consul, detectà fuit conjuratio* *.

Cicéron ayant été consul, fut néanmoins envoyé en exil; *tournez*, après que Cicéron eut été consul... *Cicero postquàm fuisset consul, tamen in exilium actus est.*

II. Le participe passé actif, comme *ayant aimé*, manque en latin (excepté dans quelques verbes déponens); on le tourne par *lorsque*, *puisque*.

Ex. Un rat ayant rencontré un éléphant, *mus elephanto quùm fuisset obvius.*

III. Le participe passé du passif manque en latin quand le verbe est neutre, et souvent, quand il est déponent. Alors on tourne par l'actif, et l'on se sert des conjonctions *quùm*, *postquàm.*

Ex. Etant favorisé de Dieu, il vint à bout de son entreprise, *quùm Deus ei favisset, consilium perfecit suum.*

* On peut aussi mettre les deux noms à l'ablatif, et dire: *Cicerone consule detecta fuit conjuratio.* (On sous-entend *sub*,

Ayant été poursuivi des voleurs, il s'é-chappa, *quùm latrones cum persecuti essent, evasit.*

PARTICIPES *françois qui s'expriment en latin par une préposition et un nom.*

Ayant autant de prudence ; *tournez*, eu égard à votre prudence.

REGLE. *Ayant autant de...* avec un nom, *étant aussi*, avec un adjectif, se tournent en latin par *eu égard à... pro* avec l'ablatif du nom.

Ex. Ayant autant de prudence que vous en avez, étant aussi prudent que vous l'êtes, *pro tuâ prudentiâ.*

REMARQUE. On peut encore tourner *quelle est votre prudence*, et dire, *quæ tua est prudentia.*

CHAPITRE QUATRIEME.
DES ADVERBES.

I. QUE *adverbe.*—Que tardez-vous? *tournez*, pourquoi tardez-vous?

Le *que* interrogatif adverbe se tourne par *pourquoi*, et s'exprime par *quid* ou *cur*; mais s'il est suivi d'une négation, on tourne par *pourquoi ne*, et on l'exprime par *quin* ou *cur non*.

Ex. Que tardez-vous? *quid* ou *cur moraris?*

Que n'accourez-vous ici? *quin* ou *cur non huc advolas?*

Si le *que* interrogatif peut se tourner *par combien*, on l'exprime, avec un verbe *de prix*, par *quanti*.

9

Ex. Que vous a coûté cette maison? *tournez*, combien vous a coûté... *quanti tibi constitit hœc domus?*

II. Que *de désir*.

Que ne puis-je! Que je voudrois! *utinam!*

Le *que* de désir se connoît lorsqu'on peut le tourner par *plaise à Dieu que...* et se rend en latin par *utinam*, avec le subjonctif, sans exprimer *ne*.

Ex. Que ne puis-je vous entretenir! *utinam tecum loqui possim!*

II. *Ne que* signifiant seulement, *solùmmodò.*

Ne que signifiant seulement, se rend en latin par *solùmmodò*, ou par *solus, sola, solum*, que l'on fait accorder avec le nom qui suit.

Ex. La louange n'est due qu'à la vertu; c'est-à-dire, est due seulement... *laus virtuti solùmmodò debetur;* ou bien, est due à la seule vertu, *laus soli virtuti debetur.*

Si *ne que* signifie *rien autre chose que*, on exprime *rien autre chose* par *nihil aliud*, et *que* par *nisi* ou *quàm*.

Ex. Il n'a pris que sa robe; c'est-à-dire, rien autre chose que... *nihil aliud nisi togam sumpsit.*

IV. Que *entre deux négations.*

Si *que* entre deux négations est relatif c'est-à-dire, s'il est précédé d'un nom auquel il se rapporte, on l'exprime par *qui, quœ, quod*, et on le met au cas du verbe.

Ex. Le sage n'assure rien qu'il ne prouve, *sapiens nihil affirmat quod non probet.*

Mais s'il est adverbe, on l'exprime par *quin, nisi, priusquàm,* avec le subjonctif.

Ex. Je ne partirai pas d'ici que je ne vous aie vu, *non hinc proficiscar, quin,* ou *nisi,* ou *priusquàm te viderim.*

V. Que *d'admiration.*

Le *que* d'admiration se connoît quand il peut se tourner par *combien,* et il s'exprime de même que *combien.*

REMARQUE. Lorsque le *que* d'admiration ou l'adverbe *combien* est joint au mot *grand,* on l'exprime par *quantus, quanta, quantum.*

Ex. Que ma joie seroit grande *quanta esset mea lœtitia!*

Lorsqu'il est joint au mot *petit,* on l'exprime par *quantulus, quantula, quantulum.* Que cette classe est petite! *quantula hœc est schola* *!*

* Après un *que* d'admiration, la négation françoise ne s'exprime pas en latin. *Exemple.* Que de malheurs n'a-t-il pas essuyés! *Quot et quantas calamitates hausit!*

ADVERBES DE QUANTITÉ.

Les adverbes de quantité s'expriment de différentes manières en latin, selon les différens mots auxquels ils sont joints.

I. Que *ou* combien d'eau, *quantùm aquæ.*

Devant un nom de choses qui ne se comptent pas, ON EXPRIME :

Que *ou* combien,		*Quantùm,*	
Peu,		*Parùm,*	
Beaucoup,		*Multùm,*	
Moins,		*Minùs,*	
Plus,	PAR	*Plùs,*	Avec le génitif.
Autant, tant,		*Tantùm,*	
Assez,		*Satis,*	
Trop,		*Nimis, nimiùm*	

Exemples.

Que *ou* combien d'eau,	*Quantùm aquæ.*
Peu d'eau, *	*Parùm aquæ.*
Beaucoup d'eau,	*Multùm aquæ.*
Moins d'eau,	*Minùs aquæ.*
Plus d'eau,	*Plùs aquæ.*
Tant, autant d'eau,	*Tantùm aquæ.*
Assez d'eau,	*Satis aquæ.*
Trop d'eau,	*Nimis, nimiùm aquæ.*

Remarque. Quand la chose qui ne se compte pas peut se dire grande,

ON EXPRIME :

Que *ou* combien,	*Quantus, a, um.*
Peu,	*Parvus, a, um.*
Beaucoup,	*Magnus, a, um.*
Moins,	*Minor, us.*
Plus,	*Major, us.*
Autant, tant,	*Tantus, a, um.*
Assez,	*Satis magnus, a, um.*
Trop,	*Nimius, a, um ; Nimis magnus, a, um.*

(PAR)

L'on fait accorder ces adjectifs avec le nom.

Exemples.

Que *ou* combien de science,	*Quanta doctrina.*
Peu de science,	*Parva doctrina.*
Beaucoup de science,	*Magna doctrina.*
Moins de science,	*Minor doctrina.*
Plus de science,	*Major doctrina.*
Autant, tant de science,	*Tanta doctrina.*
Assez de science,	*Satis magna doctrina.*
Trop de science,	*Nimia ou nimis magna doctrina.*

II. Devant un nom pluriel de choses qui se comptent,

---

* *Un peu, quelque peu*, devant un nom s'expriment par *tantillùm, aliquantulùm*, avec le génitif. Un peu d'eau, *tantillùm aquæ.*

Un peu, devant un adjectif ou un adverbe, ou un verbe, s'exprime par *leviter*. Un peu blessé, *leviter vulneratus.* Il se fâche un peu, *leviter irascitur.*

ON EXPRIME :

Que *ou* combien, *	*Quot* ou *quàm multi*, œ, *a.*
Peu,	*Pauci, cœ , ca.*
Beaucoup,	*Multi, œ , a.*
Moins ,	*Pauciores, ra.*
Plus ,	*Plures, ra.*
Autant , tant,	*Tot* ou *tam multi*, œ , *a.*
Assez ,	*Satis multi, œ , a.*
Trop ,	*Nimis multi, œ , a.*

(PAR)

L'on fait accorder ces adjectifs avec le nom pluriel qui suit.

Exemples.

Que *ou* combien de livres,	*Quot* ou *quàm multi libri.*
Peu de livres,	*Pauci libri.*
Beaucoup de livres,	*Multi libri.*
Moins de livres,	*Pauciores libri.*
Plus de livres,	*Plures libri.*
Autant, tant de livres,	*Tot libri.*
Assez de livres,	*Satis multi libri.*
Trop de livres,	*Nimis multi libri.*

REMARQUE. Quand l'adverbe *combien* signifie *combien de personnes*, on l'exprime toujours par *quàm multi.* Vous voyez combien nous sommes ici, *vides quàm multi hìc adsimus,* et non pas *quot adsimus.* (*Quot* et *tot* ne s'emploient que devant un nom exprimé.)

III. Devant un adjectif ou un adverbe,

ON EXPRIME:

Que *ou* combien,	*Quàm* ou *ut.*
Peu ,	*Parùm.*
Beaucoup , bien, fort,	*Multùm , valdè.*
Moins ,	*Minùs.*
Plus ,	*Magis* ou un **comparatif.**
Tant, aussi, si,	*Tam.*
Assez , } **	*Satis.*
Trop , }	*Nimis.*

(PAR)

Exemples.

Que *ou* combien il est modeste !	*Quàm* ou *ut modestus est.*
Peu modeste,	*Parùm modestus.*
Bien modeste,	*Multùm modestus, ou modestissimus.*
Moins modeste,	*Minùs modestus.*

* *Combien,* signifiant *combien peu,* s'exprime par *quotusquisque, quotaquœque.* Combien y en a-t-il qui soient éloquens ! *quotusquisque est disertus?*

** Voyez *assez, trop,* suivis de *pour,* pag. 208 et 209.

Plus modeste,	*Magis modestus* , ou *modestior.*
Aussi, si modeste,	*Tam modestus.*
Assez modeste,	*Satis modestus.*
Trop modeste,	*Nimis modestus* ou *modestior.*

RᴇᴍᴀʀQᴜᴇ. *Si grand, aussi grand,* s'expriment par *tantus, a, um : si petit, aussi petit,* par *tantulus, a, um.*

IV. Devant un comparatif ou un verbe d'excellence, comme *excello, præsto, supero, malo,*

ON EXPRIME :

Que *ou* combien,		*Quantò.*
Un peu,	ᴘᴀʀ	*Paulò.*
Bien , beaucoup,		*Multò,* ou *longè.*
Autant, tant,		*Tantò.*

Ex. Qu'il est *ou* combien est-il plus savant! *quantò doctior est!* un peu plus savant, *paulò doctior :* bien *ou* beaucoup plus savant, *multò doctior.*

Vous l'emportez autant sur les autres, *tantò præstas aliis.*

RᴇᴍᴀʀQᴜᴇ. *Combien, un peu, beaucoup, autant,* devant les adverbes *antè* et *post,* s'expriment de même : combien auparavant, *quantò antè,* un peu auparavant, *paulò antè,* beaucoup auparavant, *multò antè.*

V. Devant un verbe ordinaire,

ON EXPRIME :

Que *ou* combien,		*Quàm, quantùm, ut.*
Peu,		*Parùm.*
Beaucoup,		*Multùm, valdè, plurimùm.*
Moins,	ᴘᴀʀ	*Minùs.*
Plus,		*Magis, plùs, ampliùs.*
Autant, aussi, si,		*Tantùm, tàm.*
Assez,		*Satis.*
Trop,		*Nimis, nimiò plùs, plùs æquo*

Ex. Qu'il *ou* combien il est aimé! *quàm, quantùm amatur!*

Il est peu aimé,	*Parùm amatur.*
Il est beaucoup aimé,	*Multùm valdè amatur.*
Il est moins aimé,	*Minùs amatur.*
Il est plus aimé,	*Plùs, magis amatur.*

Il est aussi, autant aimé,   *Tantùm, tam amatur.*
Il est assez aimé,   *Satis amatur.*
Il est trop aimé,   *Nimis, nimiò plùs amatur.*

REMARQUE. *Plus, moins, trop*, avec *refert, interest,* s'expriment par *magis, minùs.* Il vous importe plus, *tuâ magis interest.* Il m'importe moins, *meâ minùs interest.*

VI. Devant un verbe de prix ou d'estime.

ON EXPRIME :

Que *ou* combien,		*Quanti.*
Peu,		*Parvi.*
Beaucoup,		*Magni.*
Moins,	PAR	*Minoris.*
Plus,		*Pluris.*
Tant, autant, aussi, si,		*Tanti.*
Assez,		*Satis magni.*
Trop,		*Nimiò pluris.*

Exemples. Qu'il *ou* combien il est estimé, *quanti œstimatur!*

Il est peu estimé,	*Parvi œstimatur.*
Il est fort estimé,	*Magni œstimatur.*
Il est moins estimé,	*Minoris œstimatur.*
Il est plus estimé,	*Pluris œstimatur.*
Il est tant, autant, aussi, si estimé,	*Tanti œstimatur*
Il est assez estimé,	*Satis magni œstimatur.*
Il est trop estimé,	*Nimiò pluris œstimatur.*

Ire. REMARQUE. *Combien, peu, beaucoup, autant, assez,* devant les verbes *refert, interest,* s'expriment par *quanti, parvi, magni, tanti, satis magni.* Il m'importe beaucoup, *meâ magni refert.*

IIe. REMARQUE. *Plus,* devant *odisse* et *fugere,* se rend par *pejus.* Je le haïssois plus, *eum pejus oderam.*

I. QUE *après* plus, moins... *Quàm.*

REGLE. De quelque manière qu'on exprime *plus, moins,* le *que* suivant se rend toujours par *quàm.*

Exemples :

Plus	}	de courage que de prudence.
Moins		
Plus	}	*fortitudinis quàm prudentiœ.*
Minùs		
Plus	}	de villes que de bourgs.
Moins		

Plures Pauciores	}	urbes quàm vici.		
Il est	}	plus moins	}	estimé que son frère.
Pluris Minoris	}	æstimatur quàm frater.		

II. QUE *après* autant, aussi.

1°. S'il est devant un nom de choses qui ne se comptent pas, on l'exprime par *quantùm* avec le génitif.

Ex. Autant de modestie que de science, *tantùm modestiæ quantùm doctrinæ.* On dit aussi, *tanta modestia, quanta doctrina.*

2°. Devant un nom de choses qui se comptent, on l'exprime par *quot.*

Ex. Autant de fruits que de fleurs, *tot fructus quot flores.*

3°. Devant un adjectif ou un adverbe, par *quàm.*

Ex. Il est aussi prudent que brave, *tam prudens est quàm fortis.*

4°. Devant un verbe ordinaire, par *quantùm.*

Ex. Je vous aime autant que vous m'aimez, *tantùm te amo quantùm me amas.*

5°. Devant un verbe de prix ou d'estime, par *quanti.*

Ex. Je vous estime autant que vous m'estimez, *tanti te facio quanti me facis.*

REMARQUE. Après *autant, aussi, que* suivi de *peu* s'exprime par *quàm*, et alors *autant* s'exprime par *tam magni.* Ex. Il vous importe autant qu'il m'importe peu, *tuâ tam magni refert quàm parvi meâ.*

III. 6°. *Autant que,* au commencement d'une phrase, s'exprime par *quantùm.* Ex.

Autant que je puis prévoir, *quantùm prospicere possum.*

IV. 7°. *Autant, aussi,* à la fin d'une phrase, s'expriment par les adverbes suivans.

S'il se rapporte

à un nom de choses qui ne se comptent pas,	*Tantùmdem.*
à un nom de choses qui se comptent,	*Totidem.*
à un adjectif,	*Item.*
à un verbe ordinaire,	*Tantùmdem.*
à un verbe de prix,	*Tantidem.*

Ex. Vous avez beaucoup de loisir, je n'en ai pas autant : *habes multùm otii, non habeo tantùmdem.*

J'ai beaucoup de livres, vous n'en avez pas autant : *sunt mihi libri benè multi, non sunt tibi totidem,* etc.

V. Après *aussi, autant, plus,* on exprime de cette manière :

Qu'homme du monde,		
Que qui que ce soit,		*Quàm qui maximè.*
Que chose du monde,	PAR	
Que quoi que ce soit,		*Quàm quod maximè.*
Que jamais,		*Quàm quàm maximè.*
Qu'en aucun lieu du monde.		*Quàm ubi maximè.*

Avec un verbe de prix ou d'estime, mettez *quanti* au lieu de *quàm,* et *plurimi* au lieu de *maximè.*

Ex. Il est aussi prudent qu'homme du monde; *tournez,* que celui qui l'est le plus, *tàm prudens est quàm qui maximè.*

Il est autant estimé que qui que ce soit, *tanti fit quanti qui plurimi.*

Cela m'est aussi agréable que quoi que ce soit ; *tournez,* que ce qui me l'est le plus : *id mihi tam gratum est quàm quod maximè.*

Il est aussi paresseux que jamais ; *tour-*

9*

nez, que lorsqu'il l'est le plus : *tam piger est quàm quùm maximè.*

La vieillesse étoit aussi honorée à Lacédémone qu'en aucun lieu du monde, *senectus tantùm honorabatur Lacedæmone, quantùm ubi maximè.*

VI. AUTANT *répété.*—Quand *autant* est répété, le premier tient lieu de *que*, et s'exprime de même par *quantùm, quot, quanti*, etc.; le second par *tantùm, tot, tanti*, selon les mots auxquels ils sont joints.

Ex. Autant ce jeune homme avoit de science, autant il avoit de modestie, *quantùm doctrinæ in eo adolescente, tantùm modestiæ inerat.* C'est comme s'il y avoit, *ce jeune homme avoit autant de modestie que de science;* mais la phrase est renversée.

Autant d'hommes, autant de sentimens, *quot homines, tot sententiæ.*

Autant la politesse plaît, autant la grossièreté déplaît, *quàm delectat urbanitas, tam offendit rusticitas.*

I. D'AUTANT, devant *plus, moins que*... *eò, quò ou quod.*

RÈGLE. 1°. *D'autant* devant *plus, moins,* s'exprime par *eò* ou *tantò.* 2°. *Plus, moins,* s'expriment ensuite selon les mots auxquels ils se rapportent. 3°. *Que* s'exprime par *quò* ou *quantò*, s'il est suivi d'un comparatif * auquel il se rapporte.

---

* Cette règle a lieu, même quand *d'autant plus* est suivi de deux *que.* Ex. *Tibi eò plus debebo quò tua in me humanitas fuerit excelsior quàm in te mea.* Cic. ad Attic. lib. 3. epist. 20.

Ex. Il est d'autant plus modeste qu'il est plus savant, *tournez*, il est plus modeste, par cela qu'il est plus savant, *eò modestior est, quò doctior.*

Il est d'autant moins estimé qu'il est plus orgueilleux, *eò minoris fit quò superbior est.*

II. *Que*, après *d'autant plus*, s'exprime par *quòd*, s'il n'est pas suivi d'un comparatif.

Ex. Cela a paru d'autant plus surprenant, qu'on ne s'y attendoit pas, *id eò mirabilius visum est, quòd à nemine exspectabatur.*

REMARQUE. *A proportion que* se tourne par *d'autant plus*, et s'exprime de même.

Ex. Il est plus modeste à proportion qu'il est plus savant, *eò modestior est quò doctior :* c'est-à-dire, il est d'autant plus modeste qu'il est plus savant.

Devant PLUS *ou* MOINS *répétés . . . quò, eò.*

I. *Plus, moins* répétés, sont la même chose que *d'autant plus, d'autant moins*, mais la phrase est renversée; ainsi l'on met *quò* devant le premier *plus* ou *moins*, *eò* devant le second, en exprimant toujours *plus* et *moins*, selon les mots auxquels ils se rapportent.

Ex. Plus il est savant, plus il est modeste; *quò doctior, eò modestior est.*

II. *Plus on, plus une personne*, se tourne par *plus quelqu'un*, *quo quis*, avec un comparatif : *Plus une chose* se tourne par *plus quelque chose*, *quò quid*, (*pour* quo aliquis, aliquid; *après* quò *on retranche* ali.)

Ex. Plus on est vicieux, plus on est malheureux ; *tournez*, plus quelqu'un est vicieux... *quò quis vitiosior, eò miserior est*.

Tout le monde convient que plus une chose est difficile, plus il faut y apporter de soin, *fatentur omnes, quò quid difficilius est, eò majorem ad id adhibendam esse curam.* (Lorsqu'il y a un *que retranché* devant le premier *plus* ou *moins*, ce *que* retombe sur le second *plus* ou *moins.*)

* Le premier *plus on* peut encore s'exprimer par *ut quisque* avec un superlatif, et le second par *ità* avec un superlatif encore. Ex. Plus on est vicieux, plus on est malheureux: *ut quisque vitiosissimus, ità miserrimus est.*

LE PLUS, LE MOINS.

I. Devant un adjectif,

Le plus s'exprime par un superlatif, ou par *maximè*, avec le positif.	*Le moins* s'exprime par *minimè*, avec le positif.
Exemple.	*Exemple.*
Le plus savant de tous, *omnium doctissimus*, ou *maximè doctus*.	Le moins savant de tous, *omnium minimè doctus*.

Servez-vous aussi de *maximè, minimè*, avec un verbe ordinaire.

II. Devant un verbe de prix, d'estime,

Le plus s'exprime par *maximi, plurimi*.	*Le moins* s'exprime par *minimi*.
Exemple.	*Exemple.*
L'enfant que j'estime le plus, *puer quem plurimi omnium facio.*	L'enfant que j'estime le moins, *puer quem minimi omnium facio.*

III. Devant un adjectif ou un adverbe suivi d'un *que* adverbe,

Le plus s'exprime par le superlatif, devant lequel on met *quàm*.	*Le moins* s'exprime par *quàm minimè*, avec le positif.
Exemple.	*Exemple.*
Soyez le plus indulgent que vous pourrez, *esto quàm facillimus.*	Soyez le moins indulgent que vous pourrez, *esto quàm minimè facilis.*

IV. Devant un nom singulier, suivi d'un *que* adverbe,

Le *plus* s'exprime par *quàm plurimùm*, avec le génitif, ou par *quàm plurimus, a, um*, que l'on fait accorder avec le nom.

Exemple.

Il a employé le plus de diligence qu'il a pu, *adhibuit quàm plurimùm potuit diligentiœ*, ou *quàm plurimam potuit diligentiam*.

Le *moins* s'exprime par *quàm minimùm*, avec le génitif, ou par *quàm minimus, a, um*, que l'on fait accorder avec le nom.

Exemple.

Il a employé le moins de diligence qu'il a pu, *adhibuit quàm minimùm potuit diligentiœ*, ou *quàm minimam potuit diligentiam*.

V. Devant un nom pluriel de choses qui se comptent, suivi d'un *que* adverbe,

Le *plus* s'exprime par *quàm plurimi, mœ, ma*, que l'on fait accorder avec le nom.

Exemple.

Il a lu le plus de livres qu'il a pu, *quàm plurimos potuit libros legit.*

Le *moins* s'exprime par *quàm paucissimi, mœ, ma*, que l'on fait accorder avec le nom.

Exemple.

Il a lu le moins de livres qu'il a pu, *quàm paucissimos potuit libros legit.*

VI. Devant un adjectif suivi d'un *qui* ou *que* relatif,

Le *plus* s'exprime par le superlatif; *qui* ou *que*, par *qui, quœ, quod*, avec le subjonctif.

Exemple.

Il est le plus savant que je connoisse, c'est-à-dire, le plus savant de tous ceux que je connoisse, *est omnium quos noverim doctissimus.*

Le *moins* s'exprime par *minimè*, avec le positif; *qui* ou *que*, par *qui, quœ, quod*, avec le subjonctif.

Exemple.

Il est le moins savant que je connoisse, c'est-à-dire, de tous ceux que je connoisse, *est omnium quos noverim minimè doctus.*

TANT QUE.

Ire. REGLE. Si *tant que* est précédé d'une négation, on le tourne ordinairement par *autant que*, et on l'exprime de même.

Ex. Il n'a pas tant de science que de présomption, *c'est-à-dire*, autant de science que de présomption : *non in eo inest tantùm doctrinæ quantùm arrogantiæ.*

Il n'y a pas tant de fruits que de fleurs, *non sunt tot fructus, quot flores.*

Tant, devant un comparatif, se rend par *tantò.* Tant pis, *tantò pejus ;* tant mieux, *tantò meliùs.*

II. DEUXIEME REGLE. Si *tant* ne peut pas se tourner par *autant**, le *que* suivant s'exprime toujours par *ut* avec le subjonctif.

Ex. Il a reçu tant de coups qu'il en est mort, *tot plagas accepit, ut mortuus sit.*

J'estime tant la vertu, que je la préfere à tous les trésors; *tanti facio virtutem, ut eam thesauris omnibus anteponam.*

III. *Tant que*, signifiant *tandis que*, *tant de temps que*, s'exprime par *dùm, donec, quamdiù.*

Ex. Tant que vous serez heureux, vous compterez beaucoup d'amis; *donec eris felix, multos amicos numerabis.*

Tant qu'il a vécu, *quamdiù vixit.*

IV. *Tant...que*, signifiant *non seulement...mais encore*, s'exprime par *tùm* répété, ou par *cùm, tùm.*

Ex. Les philosophes tant anciens que modernes, *philosophi tùm veteres, tùm recentiores,* ou *cùm veteres, tùm recentiores.*

V. *Non pas tant pour... que pour...* s'exprime par *non tàm ut...quàm ut....* avec le subjonctif.

Ex. Je vous écris, non pas tant pour vous

* C'est-à-dire s'il n'y a pas de comparaison.

louer que pour vous féliciter, *ad te scribo, non tam ut te laudem, quàm ut tibi gratuler.*

VI. *Tant... tant il est vrai...* se rend en latin par *adeò* devant un adjectif ou un verbe ordinaire; par *tanti*, devant un verbe de prix; *tantò* devant un comparatif.

Ex. Tant est rare une amitié fidèle, *adeò rara est fidelis amicitia.*

Tant la sagesse l'emporte sur les richesses, *tantò præstat divitiis sapientia.*

___

Si *Adverbe.*

I. Quand *si... que...* peut se tourner par *aussi... que*, on l'exprime de même. (Voy. *que* après *aussi*, page 200.)

II. Quand *si* ne peut pas se tourner par *aussi*, on l'exprime par *tàm, adeò, ità,* devant un adjectif, un adverbe et un verbe ordinaire; par *tanti,* devant un verbe de prix ou d'estime; et le *que* s'exprime toujours par *ut.*

Ex. Dieu est si bon qu'il aime les hommes, *Deus est tàm bonus ut amet homines.*

Il fut si frappé de cette nouvelle, qu'il mourut; *eo nuncio ità perculsus est, ut mortuus sit.*

Il est si estimé que... *tanti fit, ut...*

III. *Si grand* s'exprime par *tantus, ta, tum; si petit*, par *tantulus, la, lum* : et quand *si* ne peut pas se tourner par *aussi*, le *que* suivant se rend par *ut* avec le subjonctif.

Ex. La bonté de Dieu est si grande, qu'il nous aime, *tanta est Dei bonitas, ut nos amet.*

Cette étoile est si petite qu'on ne peut la voir ; *stella hæc tantula est, ut perspici nonqueat.*

Mais quand *si grand* peut se tourner par *aussi grand*, on exprime *que* par *quantus, ta, tum*, et quand *si petit* peut se tourner par *aussi petit*, on exprime *que* par *quantulus, la, lum.*

Ex. La terre n'est pas si grande que le soleil ; *tournez*, n'est pas aussi grande... *non tanta est terra quantus sol.*

Cette classe n'est pas si petite que la nôtre, c'est-à-dire, aussi petite... *hæc schola non tantula est quantula est nostra.*

ASSEZ... POUR... *en latin*, TANT... *ou si... que...*

Iere. REGLE. Quand *assez* est suivi de *pour* on tourne *assez* par *tant* ou *si*, qu'on exprime selon les mots auxquels il se rapporte : *pour* se tourne par *que*, et s'exprime par *ut* avec le subjonctif.

Ex. Avez-vous assez de loisir pour lire, même des fables ? *tournez*, avez-vous tant de loisir, que vous lisiez... *est-ne tibi tantùm otii, ut etiam fabulas legas ?*

Je ne suis pas assez insolent pour me croire roi ; *tournez*, si insolent, que je me croie...

non sum tam insolens , ut regem me esse putem. *

Il n'est pas assez estimé pour que je me fie à lui ; *tournez*, si estimé, que je me fie... *non tanti fit, ut ei confidam.*

II. *Assez peu* suivi de *pour...* se tourne par *si peu que...* et s'exprime *assez* par *tam* , *peu,* selon le mot auquel il se rapporte , et *pour* par *ut.*

Ex. J'ai assez peu d'ambition pour mépriser les honneurs ; *tournez*, j'ai si peu d'ambition que je méprise........ *inest in me tam parùm ambitionis , ut honores despiciam.*

* Au lieu de *ut* on peut se servir de *qui, quœ, quod ,* comme après mériter.... *Non sum tam insolens, qui regem esse me putem.*

I. **TROP**... **POUR**... *en latin*, **Plus** que (*il ne faut*) pour...

RÈGLE. Quand *trop* est suivi de *pour* on tourne *trop* par *plus* , qu'on exprime selon les mots auxquels il se rapporte, et *pour* s'exprime par *quàm ut* avec le subjonctif.

Ex. Il a avalé trop de poison pour recouvrer la santé : *plus veneni hausit , quàm ut sanitati restituatur.* On peut dire aussi , *quàm qui sanitati restituatur.*

Il a commis trop de crimes pour que les juges aient pitié de lui : *plura admisit scelera , quàm ut illius judices misereat.* On peut dire aussi, *quàm cujus judices misereat.*

Je suis trop élevé pour que la fortune puisse me nuire : *major sum , quàm ut fortuna mihi nocere possit , (* ou *quàm cui.)*

Je vous estime trop pour vous blâmer, *pluris te facio, quàm ut te vituperem.*

II. *Ne pas assez. pour.* } en latin *moins que*
Trop peu...... pour. } (*il ne faut*) *pour.*

REGLE. *Trop peu* se tourne par *moins*, et s'exprime de même : *pour* s'exprime par *quàm ut.*

Ex. Il a trop peu d'esprit pour conduire cette affaire ; *tournez*, il a moins d'esprit que....*minùs habet ingenii, quàm ut rem gerat.*

Il avoit trop peu de soldats pour vaincre, *pauciores habebat milites, quàm ut vinceret.*

Il étoit trop peu estimé pour... *minoris æstimabatur, quàm ut...*

ADVERBES DE TEMPS.

A PEINE.. QUE.. *Vix...* *Quùm...* AUSSITÔT
QUE... *Statim ut...*

I. *A peine* s'exprime par *vix*, et le *que* suivant, par *quùm* avec l'indicatif.

Ex. A peine fut-il arrivé, qu'il tomba malade : *vix advenit, quùm in morbum incidit.*

Aussitôt que s'exprime par *statim ut ; ne pas plus tôt que* est la même chose.

Ex. Aussitôt qu'il fut arrivé, il tomba malade, *statim ut advenit, in morbum incidit.*

II. *Plus tôt*, signifiant *de meilleure heure*, s'exprime par *maturiùs ;* s'il signifie *plus vite*, par *citiùs, celeriùs.*

Ex. Il s'est levé plus tôt qu'à l'ordinaire, *maturiùs solitò surrexit.*

Il est arrivé plus tôt qu'on ne pensoit, *citiùs venit quàm putabant.*

III. Quand *plutôt* marque la préférence d'une chose sur une autre, on l'exprime par *potiùs*, et *que de* par *quàm* avec le subjonctif. Ex. Combattez plutôt que de devenir esclave, *depugna potiùs quàm servias.*

Après les adverbes et les noms de temps, on exprime *que* par *quùm*, (ou *ex quo* quand il se peut tourner par *depuis que.*)

Ex. Présentement que... *nunc quùm.*

Hier que... *Herì quùm.*

La derniere fois que je vous vis, *proximè quùm te vidi.*

Un jour que j'étois avec vous, *quâdam die quùm tecum essem.*

Il y a long-temps que je vous attends, *diù est quùm te exspecto.* (*Il y a, il y avoit* se tournent par le verbe *être.*)

Du temps que Rome florissoit, *tùm quùm Roma floreret.*

Un jour viendra que... *veniet* ou *erit tempus quùm...*

Il y a des temps que... *incidunt sœpè tempora quùm.*

Il y a deux ans qu'il est mort, *dúo anni effluxére, ex quo mortuus est,* (sous - entendu *tempore,* et non pas *ex quibus.*)

CHAPITRE CINQUIEME.
PRÉPOSITIONS FRANÇOISES.
I. *Préposition* DE.

De au commencement d'une phrase s'exprime par *è* ou *ex* avec l'ablatif.

Ex. De tous les vices, il n'en est pas de

plus grand que l'orgueil : *ex omnibus vitiis, nullum est majus superbiâ.*

II. De, entre un nom et le présent de l'infinitif actif, veut le gérondif en *di.*

Ex. Le temps de prier, *tempus orandi.*

De, entre un nom et l'infinitif passif, ou tout autre verbe qui n'a point de gérondif, s'exprime par différentes conjonctions, selon le verbe d'où le nom est dérivé.

Ex. Il trembloit de crainte d'être surpris, *contremiscebatne deprehenderetur.* (Après *craindre*, *de* s'exprime par *ne.*)

Il a une grande joie d'être le premier, *summâ perfunditur lœtitiâ quòd primas teneat.* (Après *se réjouir*, *de* s'exprime par *quòd.*)

III. Quand *de*, suivi d'un infinitif, peut se tourner par *si*, on l'exprime en latin par *si.*

Ex. Vous me ferez plaisir de lui écrire ; *tournez*, si vous lui écrivez : *pergratum mihi feceris, si ad eum scripseris.*

IV. Quand *de*, suivi d'un infinitif, peut se tourner par *moi qui*, *vous qui*...on l'exprime par *qui*, *quœ*, *quod*, avec le subjonctif.

Ex. Que vous êtes malheureux d'avoir couru de vous-même à la mort ! *ó te infelicem qui ultrò ad necem cucurreris !*

Préposition à devant un infinitif.

I. Quand la préposition *à*, précédée d'un nom, peut se tourner par *qui*, *que*, on l'exprime par *qui*, *quœ*, *quod*, avec le subjonctif.

Ex. Je n'avois rien à vous écrire ; *tournez, que je vous écrivisse. Nihil habebam quod ad te scriberem.*

II. Quand *à* peut se tourner par *si,* on l'exprime en latin par *si.*

Ex. A l'entendre parler, vous diriez.... *tournez,* si vous l'entendiez parler.. *Quem si loquentem audias , dicas...*

REMARQUE. On met élégamment en latin le présent du subjonctif au lieu de l'imparfait.

III. Quand *à* peut se tourner par *pour,* on l'exprime par *ut* avec le subjonctif et s'il suit une négation, c'est par *ne.*

Ex. A dire vrai ; *tournez,* pour dire vrai ; *ut verum dicam.*

A ne pas mentir, *ne mentiar.*

ETRE *homme à... femme à...* tournez, *être celui, celle qui...*

REGLE. *N'être pas homme à... femme à... capable de...* se tourne par *n'être pas celui, celle qui,* et s'exprime par *non is...qui, non ea quæ,* avec le subjonctif, et le second verbe est toujours à la même personne que le premier.

Ex. Je ne suis pas homme à reculer, *non is sum qui pedem referam.*

Votre mère n'est pas femme à élever mal ses enfans, *non ea est tua mater, quæ liberos suos malè instituat.*

Si *être* ou *n'être pas capable* a pour nominatif un nom de chose inanimée, on l'exprime par *posse, possum.* Ex. Tous les tré-

sors du monde ne sont pas capables de satis-
faire son avarice, *thesauri quilibet illius
avaritiam satiare non possunt.*

Préposition POUR.

Pour s'exprime de différentes manières,
suivant ses différentes significations.

I. Quand *pour* signifie *envers*, il s'exprime par *in* ou *ergà*, avec l'accusatif.

Ex. Mon zèle pour vous, *meum in te* ou
ergà te studium.

II. Quand *pour* peut se tourner par *de*,
on le rend par le génitif.

Ex. L'amour pour la liberté nous est naturel; *tournez*, l'amour de la liberté...*amor
libertatis nobis est innatus.*

III. Quand *pour* signifie *au lieu de*, il
s'exprime par *pro* avec l'ablatif, ou par *loco*
avec le génitif.

Ex. Pour une épée, il prit un bâton, *pro
gladio*, ou *loco gladii*, *fustem sumpsit.*

IV. Quand *pour* signifie *à cause de*, il
s'exprime par *ob* ou *propter* avec l'accusatif.

Ex. Je l'aime pour sa modestie, *illum
propter modestiam amo.*

V. Quand *pour* signifie *pour l'amour de*
il se rend par *causâ* ou *gratiâ* avec le génitif.,

Ex. Je ferai volontiers cela pour lui, *id
libenter illius causâ faciam ;* pour vous,
tuâ causâ. (Au lieu des génitifs, *meí*, *tuí*,
on dit *meâ*, *tuâ*, devant *causâ.)*

VI. Quand *pour* marque l'intention, le
motif, il se rend par *in* avec l'accusatif.

Ex. Employez tous vos soins pour votre santé, *omnem curam in valetudinem confer.*

VII. *Pour*, signifiant *à l'avantage*, *au désavantage de*, se rend en latin par le datif.

Ex. Je craignois pour votre vie, *vitœ tuœ metuebam.*

Demander grâce pour quelqu'un, *veniam alicui petere.*

VIII. *Pour*, devant un infinitif, s'exprime par *ad* avec le gérondif en *dum*, ou par *ut* avec le subjonctif, ou par *causâ, gratiâ*, avec le gérondif en *di.*

Ex. Il se leva pour répondre, *surrexit ad respondendum*, ou *ut responderet*, ou *respondendi causâ.*

On se sert aussi quelquefois du futur en *rus, ra, rum*, que l'on fait accorder avec le nominatif : *surrexit responsurus.*

Si *pour* est suivi d'un comparatif, au lieu de *ut*, on se sert de *quò.*

Ex. Reposez-vous pour mieux travailler, *otiare quò meliùs labores.*

Quand *pour* est accompagné d'une négation, il se rend par *ne* avec le subjonctif.

Ex. Pour ne pas vous ennuyer, *ne vobis tœdium afferam.*

IX. Si *pour* devant un infinitif peut se tourner par *qui, que*, on l'exprime par *qui, quœ, quod*, avec le subjonctif.

Ex. Il m'envoya quelqu'un pour m'avertir, *tournez*, quelqu'un qui m'avertît, *misit hominem qui me moneret.*

X. *Pour*, devant le parfait de l'infinitif,

suivi de ces mots, *ce n'est pas à dire pour. cela que*...se tourne par *quoique*.

Ex. Pour avoir salué des méchans, ce n'est pas à dire pour cela que je sois méchant, *quamvis improbos salutaverim, non continuò sum improbus.*

XI. *Pour peu que* se tourne par *si peu que*, et s'exprime par *si vel minimùm*.

Ex. Pour peu que vous vouliez réfléchir, vous comprendrez la chose, *si vel minimùm cogitare volueris, rem percipies.*

XII. *Pour*, dans ces façons de parler, *pour moi, pour vous*, se rend par *verò*, que l'on met après le pronom.

Ex. Pour moi, je suis prêt, *ego verò sum paratus.*

Pour vous, il vous importe, *tuâ verò interest.*

XIII. *Pour*, signifiant *eu égard à*... se rend en latin par *ut*, et quelquefois par *pro*, qui gouverne l'ablatif.

Ex. Il avoit assez de littérature pour un Romain, *c'est-à-dire*, eu égard à un Romain, *erant multæ ut in homine Romano litteræ.*

Il étoit habile pour ce temps-là, *erat ut illis temporibus eruditus.*

Il est assez savant pour son âge, *pro œtate satis est eruditus.*

Préposition SANS *devant un infinitif franç.*

I. PREMIÈRE RÈGLE. Quand le verbe qui précede *sans* n'a ni négation ni interrogation, on tourne *sans* par *et ne pas*, et on l'exprime par *neç*.

Ex. Il est sorti sans fermer la porte; *tour-nez*, et il n'a pas fermé la porte, *exiit, nec fores clausit*.

II. DEUXIÈME RÈGLE. Quand le premier verbe est accompagné d'une négation ou d'une interrogation, on tourne *sans* par *que ne*, et on l'exprime par *quin*, ou *nisi*.

Ex. Personne ne devient savant, qui peut devenir savant sans lire beaucoup? *tournez*, qu'il ne lise...*Nemo fit doctus, quis potest doctus fieri, quin multa legat?*

REMARQUE. On tourne aussi quelquefois *sans* par *avant que, priusquàm*. Je ne partirai pas sans vous avoir dit adieu. *tournez*, avant que je vous aie dit adieu, *non proficiscar priusquàm tibi vale dixerim*.

Différentes manières d'exprimer la Pré-position Sans *devant un infinitif.*

1°. Par un nom dérivé d'un verbe. Sans pleurer, *sine lacrymis*; sans craindre, *sine metu*.

2°. Par un adjectif. Passer la nuit sans dor-mir, *noctem insomnem ducere;* sans bles-ser sa conscience, *salvâ fide;* sans se plain-dre, *æquo animo*.

3°. Par un adverbe. Sans faire semblant de rien, *dissimulanter;* sans y penser, *te-merè, imprudenter*.

4°. Par un participe. Vous comprenez cela sans que je vous le dise, *id etiam me tacente intelligis ;* sans rire, *remoto joco,* sans tarder, *nullâ interpositâ morâ*.

10

I. APRÈS, *suivi d'un nom.*

Après s'exprime par *post* avec l'accusatif. Après le dîner, *post prandium.*

Quand *après* marque la seconde place, le second rang, on l'exprime par *secundùm* avec l'accusatif, ou par *ab* avec l'ablatif.

Ex. Après Cicéron, il est, sans contredit le premier des orateurs : *secundùm Ciceronem*, ou bien *à Cicerone est oratorum facilè princeps* *.

* *Après* signifiant *immédiatement après*, se rend par *sub* avec l'accusatif. Ex. Après cette lettre on lut la vôtre, *sub eas litteras, recitatæ sunt tuæ.*

II. APRÈS, *suivi d'un infinitif françois.*

RÈGLE. *Après*, suivi du parfait de l'infinitif actif, se tourne par *après que*, et s'exprime par *postquàm, quùm;* et le verbe se met à différens temps de l'indicatif, de cette manière :

Ex. Après avoir lu, j'écris; *c'est-à-dire*, après que j'ai lu...*postquàm legi, scribo.*

Après avoir lu, j'écrivois; *c'est-à-dire*, après que j'avois lu...*postquàm legeram, scribebam.*

Après avoir lu, j'ai écrit; *c'est-à-dire*, après que j'eus lu...*postquàm legi, scripsi.*

Après avoir lu, j'écrirai; *c'est-à-dire*, après que j'aurai lu... *postquàm legero, scribam.*

AVANT, *suivi d'un infinitif françois.*

REGLE. *Avant,* suivi d'un infinitif, se tourne par *avant que, antequàm, priusquàm,* avec le subjonctif, de cette maniere :

Ex. Je lis, je lirai avant d'écrire ; *tournez,* avant que j'écrive : *lego, legam antequàm scribam.*

Je lisois, j'ai lu, j'avois lu avant d'écrire ; *tournez,* avant que j'écrivisse : *legebam, legi, legeram antequàm scriberem**.

* *Avant* suivi d'un parfait de l'infinitif, peut se rendre par un participe du passé, en y ajoutant une négation. Ex. Il est parti avant d'avoir terminé l'affaire, *c'est-à-dire,* l'affaire n'étant pas terminée, *infecto negotio profectus est. (In,* ajouté à un adjectif, équivaut à *non.)*

AU LIEU DE, *suivi d'un nom.*

I. *Au lieu de* s'exprime par *pro* avec l'ablatif, ou par *loco* avec le génitif.

Ex. Au lieu d'épée, il se servit d'un bâton, *pro gladio* ou *loco gladii, fuste usus est.*

II. AU LIEU DE, *suivi d'un infinitif.*

1°. On le tourne par *lorsque je devrois, tu devrois, il devroit...* quand il y a obligation de faire la chose.

Ex. Au lieu de lire, il joue ; *tournez,* lorsqu'il devroit lire... *quùm legere deberet, ludit.*

2°. On le tourne par *lorsque je pourrois, tu pourrois, il pourroit...* quand il n'y a qu'une simple permission de faire la chose.

Ex. Au lieu de jouer, il lit ; *tournez,* lorsqu'il pourroit jouer... *quùm posset ludere.*

III. *Au lieu de....* précédé d'un verbe à l'impératif, s'exprime par *non autem*, et le second verbe se met aussi à l'impératif en latin.

Ex. Lisez au lieu de badiner; *tournez*, lisez et ne badinez pas, *lege, non autem nugare.*

IV. *Au lieu que* se tourne par *au contraire*, et s'exprime par *verò, autem*, que l'on met après un mot.

Ex. Il lit, au lieu que vous badinez, *tournez*, vous au contraire, vous badinez; *legit ille, tu verò nugaris.*

V. Quand *au lieu de* suivi d'un infinitif peut se tourner par *bien loin de*, on l'exprime de même.

Bien loin de, *suivi d'un infinitif.*

Regle. *Bien loin de*, suivi d'un infinitif, s'exprime par *nedùm* avec le subjonctif, et le membre de phrase où il se trouve devient le second.

Ex. Bien loin de m'aimer, il me regarde à peine; *tournez*, il me regarde à peine, bien loin qu'il m'aime, *vix me aspicit, nedùm amet.*

CHAPITRE SIXIEME.

CONJONCTIONS FRANÇOISES.

La principale conjonction françoise est *que ;* nous en avons parlé dans différens articles.

Si *conditionnel.*— I. *Si*, au commencement d'une phrase, se traduit par *si*, et veut le subjonctif devant un imparfait ou un plus-que-parfait.

Ex. Si vous le faisiez, si vous l'aviez fait pour l'amour de moi , *id si faceres, si fecisses causâ meâ.*

Ire. Remarque. Quelquefois au lieu de répéter *si*, on met *que* en françois.

Ex. Si vous aviez voulu, et que vous eussiez pu , *si voluisses et potuisses.*

IIe. Remarque. Quand le second verbe est au futur, il vaut mieux mettre aussi le premier au futur en latin. Ex. Si vous lisez ce livre, j'en serai charmé, *quem librum si leges, lœtabor.*

II. Quand *si* est suivi de *ne* seulement, ou le traduit par *nisi* avec le subjonctif.

Ex. Si vous ne prenez garde , *nisi caveas.*

III. Quand *si* est suivi de *ne pas , ne point,* on le traduit par *si non , si minùs ,* et ces mots , *au moins , du moins , pour le moins,* s'expriment par *saltem , at certè , ut minimùm.*

Ex. Si vous ne craignez pas les hommes, au moins craignez Dieu, *si non homines , at certè Deum time.*

IV. *Si*, signifiant *quand*, *parce que*, ne veut pas le subjonctif: ce qui arrive lorsqu'il est suivi de deux imparfaits, ou de deux parfaits.

Ex. Si je l'appelois, il s'en alloit; *tournez*, quand je l'appelois...*quem si arcessebam, abibat.*

REMARQUE. *Que si* s'exprime par *quòd si; mais si,* par *sin,* *sin autem ; si au contraire, si cela n'étoit pas,* par *sin aliter, sin minùs.*

Si ce n'est que, à moins que, par *nisi, nisi fortè, nisi verò, nisi si; si ce n'est* suivi d'un nom, par *nisi,* et même cas que devant; ou par *præter* avec l'accusatif.

Si dubitatif.—*Si*, après les verbes de doute, comme *douter si, examiner si, ne pas savoir si, délibérer si, demander, juger, dire, s'informer si,* etc. s'exprime par *an, utrùm. Ou si* s'exprime par *an. Ou non* s'exprime par *an-non, nec-ne.*

Ex. Elle demanda si elle étoit plus grosse que le bœuf, *interrogavit an esset latior bove.*

Je ne sais s'il dort, ou s'il écoute, *nescio utrùm dormiat, an audiat.* S'il dort, ou non, *an dormiat, nec-ne.*

COMME, DE MÊME QUE.

I. *Comme, de même que,* dans le premier membre d'une comparaison, s'exprime par *ut,* ou *quemadmodùm* avec l'indicatif; et *de même,* dans le second membre, s'exprime par *sic* ou *ità.*

Ex. Comme le feu éprouve l'or, de même l'adversité éprouve l'homme courageux, *ut*

ou *quemadmodùm ignis aurum probat,*
sic ou *ità miseria fortes viros.*

II. *Comme*, signifiant *pendant que, puis-*
que, se rend par *quùm*, et il veut le subjonctif.

Ex. Comme on le menoit au supplice...
tournez, pendant qu'on le... *quùm ad sup-*
plicium duceretur.

Comme la chose est ainsi, c'est-à-dire,
puisque la chose est ainsi, *quùm ità se res*
habeat.

Différentes Locutions Françoises.

ALLER, DEVOIR, IL FAUT, *suivis d'un infinitif.*

I. Quand *aller*, *devoir*, suivis d'un infinitif, marquent seulement qu'une chose est
près de se faire, on n'exprime pas le verbe
aller, *devoir*, mais on met le verbe suivant
au participe du futur, avec le verbe *sum*,
es, *est*, que l'on met au même temps où le
verbe *aller* est en françois.

Ex. Je vais *où* je dois partir. *Mox pro-*
fecturus sum.

Il devoit partir, *profecturus erat.*

La ville doit être pillée demain, *urbs cras*
diripienda est.

II. Quand les verbes *devoir*, *il faut*, marquent obligation, on tourne la phrase par le
passif, et l'on se sert du futur en *dus, da, dum.*

Exemple. Il faut réprimer ses passions,
tournez, les passions doivent être répri-

mées , *comprimendæ sunt libidines* *.

III. Si le verbe qui suit *devoir, il faut,* ne gouverne pas l'accusatif, servez-vous du participe neutre en *dum,* avec *est ;* et mettez au cas du verbe le nom ou le pronom suivant.

Ex. Il faut servir Dieu, *serviendum est Deo.* (Le verbe *servire* gouverne le datif.)

(On peut aussi se servir de *debere, oportet: Oportet Deo servire.*)

* Exprimez de même par le participe en *dus, da, dum ;* AVOIR BESOIN, suivi d'un infinitif... Il a besoin d'être excité au travail, *is ad laborem est incitandus.*

TANT S'EN FAUT QUE.. ETRE SI ÉLOIGNÉ DE..

Tant s'en faut s'exprime par *tantùm abest,* et les deux *que* suivans par *ut* avec le subjonctif.

Ex. Tant s'en faut qu'il vous haïsse, qu'au contraire il vous aime, *tantùm abest ut te oderit, ut contrà te amet.*

On peut exprimer *tant s'en faut que* par *adeò non,* et le second *que* par *ut. Adeò non te odit, ut contrà te amet.* On peut encore le tourner par *bien loin de,* et l'exprimer de même : *te amat, nedùm oderit.*

PEU S'EN FAUT... IL S'EN FAUT PEU QUE.

Peu s'en faut, il ne tient à rien que, s'expriment par *parùm abest,* et *que* par *quin* avec le subjonctif.

Ex. Peu s'en faut que je ne sois très-malheureux, *parùm abest quin sim miserrimus.*

Peu s'en est fallu qu'il ne tombât, *parùm abfuit quin caderet* **.

**On peut encore exprimer *peu s'en est fallu* par *tantùm non,* ou par *penè.* Peu s'en est fallu qu'il ne tombât; tournez, seulement il n'est pas tombé, *tantùm non cecidit;* ou il est presque tombé, *penè cecidit.*

Penser, faillir, manquer, suivis d'un infinitif, c'est la même chose que *peu s'en faut*. Il a pensé tomber...

IL S'EN FAUT BEAUCOUP QUE... *Etre bien éloigné de...*

Il s'en faut beaucoup s'exprime par *multùm abest...combien s'en faut-il*, par *quantùm abest*, et le *que* suivant par *ut* avec le subjonctif.

Ex. Il s'en faut beaucoup que vous surpassiez vos condisciples, *multùm abest ut tuos superes condiscipulos*.

Cette façon de parler, *faut-il que*, mise par exclamation, ne s'exprime pas; on met le nom ou pronom à l'accusatif, et le verbe suivant à l'infinitif. Ex. Faut-il que je sois si malheureux! *Me-ne ità miserum esse!*

FAIRE, *suivi d'un infinitif françois*.

I. Quand le verbe *faire* signifie *faire en sorte*, on l'exprime par *facere* ou *dare operam ut*, avec le subjonctif.

Ex. Faites-moi savoir; *tournez*, faites en sorte que je sache, *fac ut sciam*.

Faire connoître, quand il a pour nominatif un nom de chose inanimée, se tourne de la manière suivante.

Ex. Votre lettre m'a fait connoître; *tournez*, j'ai connu par votre lettre, *ex litteris tuis cognovi*.

II. Quand *faire* signifie *contraindre*, commander, engager, on l'exprime par *cogere, jubere, impellere.*

Ex. Vous me faites mourir, *c'est-à-dire,* vous me contraignez.... *Mori me cogis.*

Il le fit tuer, *c'est-à-dire,* il ordonna qu'il fût tué, *jussit eum occidi.* (Après *jubeo* on met toujours le verbe au présent de l'infinit.)

Cela m'a fait croire, *c'est-à-dire,* cela m'a engagé à croire, *id me impulit ut crederem.*

III. *Ne faire que de...* se tourne par *tout à l'heure,* et s'exprime par *modò.*

Ex. Il ne fait que d'arriver ; *tournez,* il est arrivé tout à l'heure, *modò advenit.*

IV. *Ne faire que* se tourne par *toujours,* et s'exprime par *semper, perpetuò.*

Ex. Il ne fait que badiner ; *tournez,* il badine toujours, *perpetuò nugatur.*

Se faire donner quelque chose par force, *aliquid extorquere.*

Faire sa paix avec quelqu'un, *in gratiam redire cum aliquo.*

Faire espérer à quelqu'un que... *aliquem in spem adducere.* (Le *que* se retranche.)

Faire concevoir une bonne opinion de soi, *bonam sui* ou *de se spem concitare.*

Les autres significations du verbe *faire* se trouvent dans le dictionnaire.

Venir de.. *devant un infinitif françois.*

Venir de... devant un infinitif, se tourne par tout à l'heure, *modò.*

Ex. Il vient de partir: *tournez*, il est parti tout à l'heure, *modò profectus est*.

II. *Venir à... N'aller pas...* devant un infinitif, ne s'expriment pas en latin.

Ex. S'il vient à savoir cela : *tournez*, s'il sait cela, *id si rescierit*.

N'allez pas vous imaginer : *tournez*, ne vous imaginez pas, *ne existimes*, ou *noli existimare*.

ÊTRE PRÈS *ou* sur le point de...

Être près de... devant un infinitif, se tourne par *dans peu*, *bientôt*, MOX *ou* JAM-JAM ; et le verbe suivant se met au futur en *rus, ra, rum*, pour l'actif; en *dus, da, dum*, pour le passif, avec *sum...eram...*

Ex. Il étoit sur le point de prendre la ville, *mox ou jamjam oppido potiturus erat*. On dit encore : *in eo erat ut oppido potiretur*.

NE MANQUER PAS DE...

I. *Ne manquer pas de...* devant un infinitif, se tourne par *certainement*, *profectò*,

Ex. Je ne manquerai pas de lui écrire , *tournez*, je lui écrirai certainement , *ad illum profectò scribam*.

II. Mais quand on commande quelque chose, *ne manquez pas* se tourne par *souvenez-vous*, *memento* ; au pluriel *mementote*.

Ex. Ne manquez pas de l'avertir, *memento ut illum moneas*.

LAISSER, *devant un infinitif.*

I. *Laisser* devant un infinitif se tourne par *permettre que*, et s'exprime par *sinere*. (Le *que* se retranche.)

Ex. Vos chants ne me laissent pas dormir, *cantus tui non sinunt me dormire.*

II. *Ne pas laisser de*, devant un infinitif, se tourne par *cependant*, *tamen*.

Ex. Quoique je vous attende vous-même, ne laissez pas de donner une lettre, *quanquàm te ipsum exspecto, da tamen epistolam.*

S'OCCUPER A... Se mettre à...Se mêler de...

Les verbes *s'occuper à*, *se mêler de*, devant un infinitif, ne s'expriment pas en latin.

Ex. Il s'occupe à lire; *tournez*, il lit, *legit.*

Se mettre à... devant un infinitif s'exprime en latin par *cœpisse*, *cœpi*; il se mit à pleurer, *flere cœpit.*

AVOIR LA FORCE DE... la hardiesse de...

Avoir la force de...devant un infinitif, s'exprime par *sustinere*, *audere*, avec l'infinitif latin.

Ex. Avez-vous bien eu la force de nier cela ? *Sustinuisti, ausus es id negare ?*

NE SERVIR QU'A...

Ne servir qu'à...devant un infinitif, ne s'exprime pas en latin.

Ex. Cela ne sert qu'à aigrir ma douleur, *tournez*, cela aigrit... *hoc dolorem meum exulcerat.*

SAVOIR, *devant un infinitif françois.*

Savoir, devant un infinitif, ne s'exprime pas en latin.

Ex. Il sut profiter de cette occasion; *tournez*, il profita de... *eâ occasione usus est.*

IL ME TARDE DE... Je suis dans l'impatience de...

Il tarde de... être dans l'impatience de... s'exprime par *nihil longius est quàm...* avec l'infinitif, ou *quàm ut...* avec le subjonctif.

Ex. Il me tarde de vous voir, *nihil mihi longius est quàm ut te videam.*

IL NE TIENT QU'A.

Il ne tient qu'à moi, qu'à vous, qu'à lui que cela ne se fasse, *per me, per te unum stat, quominùs id fiat.*

AVOIR BEAU...

Avoir beau... devant un infinitif se tourne par *en vain,* frustrà, ou *quoique,* quamvis.

Ex. Vous avez beau crier; *tournez*, vous criez en vain, *frustrà vociferaris,* ou quoique vous criiez, *quamvis vociferere.*

AVOIR DE LA PEINE A..

Avoir de la peine à... devant un infinitif, se tourne par *difficilement.*

Ex. Il a eu de la peine à obtenir cela; *tour-nez*, il a obtenu difficilement; *œgrè id impetravit.*

N'avoir pas de peine à... se tourne **par** *facilement.*

A FORCE DE...

A force de... devant un infinitif, se rend par le nom dérivé du verbe, avec *multus, a, um.*

Ex. A force de travailler, il est devenu savant; *tournez*, par beaucoup de travail, *multo labore, doctus evasit.*

POUR NE PAS DIRE.

Pour ne pas dire, s'exprime par *ne dicam*, et le nom ou l'adjectif suivant se met au même cas que celui qui précède, quand on renvoie le premier verbe à la fin.

Ex. Vous êtes un enfant, pour ne pas dire un badin; *tu puer, ne dicam, nugator es.*

AVOIR LE BONHEUR DE. Avoir le malheur de...

Avoir le bonheur de... s'exprime par *contingere ut...* le malheur de... par *accidere ut.*

Ex. J'ai eu le bonheur de voir le roi; *tournez*, il m'est arrivé de, *mihi contigit ut regem viderem.*

J'ai eu le malheur d'être vaincu, *mihi accidit ut vincerer.*

Avoir lieu , *sujet ou raison.*

Avoir lieu , sujet ou raison , se tourne par le verbe *être*, et l'infinitif suivant se met au gérondif en *di.*

Ex. Vous n'avez pas lieu... de craindre, *c'est-à-dire ,* lieu n'est pas à vous de craindre , *tibi non est timendi locus.*

(On peut encore exprimer *de* par *quòd* ou *cur* avec le subjonctif : *non est quòd timeas.*)

Vous ne sauriez croire.

Souvent l'imparfait du subjonctif au commencement d'une phrase , se met en latin au présent du subjonctif, sur-tout avec *volo , nolo , malo , audeo* et *possum.*

Ex. Vous ne sauriez croire , *vix credas* ou *vix credideris.*

Vous le prendriez pour un homme sage , *eum sapere putes.*

Malgré.

I. *Malgré ,* devant un nom de personne, s'exprime par *invitus , a , um,* que l'on fait accorder avec ce nom.

Ex. Il a fait cela malgré lui , *id invitus fecit.*

Je l'ai renvoyé malgré lui, *illum invitum dimisi.*

J'ai fait cela malgré lui, *id illo invito feci.*

II. *Malgré ,* devant un nom de chose, se tourne par *quoique,* avec un verbe.

Ex. Il le tua malgré ses cris redoublés, *tournez*, quoiqu'il criât beaucoup, *illum, quamvis clamitaret, interfecit.*

Au haut de... au milieu de... au bas de...

Le haut, le sommet d'un arbre, d'un rocher, d'une montagne; *summa arbor, summa rupes, summus mons.* Au haut de l'arbre, *in summâ arbore.*

Le milieu d'un arbre, d'un rocher, d'une montagne; *media arbor, media rupes, medius mons.* Au milieu du marché, *in medio foro.*

Le bas d'un arbre, d'une montagne, *ima arbor, imus mons.*

Le bout des doigts, *extremi digiti.*

Le fond de la mer, *imum mare.*

FIN.

TABLE ALPHABETIQUE

DES

TROIS PARTIES.

PARIS. — Imprimerie de J^h. MORONVAL, rue Galande, n° 65.

www.ingramcontent.com/pod-product-compliance
Lightning Source LLC
Chambersburg PA
CBHW061449030726
47503CB00005B/1636